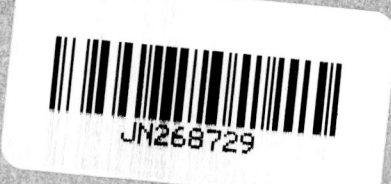

ネイチャーズ クラフト Natures Craft

ワイルドクラフト

岩澤 亮著

農文協

はじめに

いま、私たちは、プラスチックや化学繊維を素材とした大量生産品に囲まれて暮らしています。でも、こうしたものが普及したのはせいぜいこの１世紀、それまでの何千年、何万年という長い間、人びとは自然のなかから素材を探し、こつこつと道具や家具をつくって日々の伴侶にしていたに違いありません。

そういう時代に想いを馳せ、自然の木や草を、ほとんどそのまま活用するのがワイルドクラフトです。
素材は自然のなかから探してくる、プラスチックや金属を極力使わない、電動工具もなるべく使わない、そんな自然人に還ったようなクラフトですが、やってみるとなかなか楽しく、心をなごませるものが意外に簡単にできてしまいます。

むずかしい技術も高価な道具も使いませんし、材料も自然から集めたものだけですから、できるものは粗野で素朴（ワイルド）です。でも、そのワイルドな感じのなかに、なにか心をなごませるものがひそんでいるようです。

木の心地よい手ざわりや色、木の実や草の実のメルヘンチックな形、流木や根の神秘的な造形、それでいて作為のない自然さが、心をなごませるのかもしれません。

森や林、海岸や河原、公園や庭、街路や駐車場の植え込み、自然は身近にたくさんあります。自然の空気にふれながら素材を探し、なにかつくってみませんか。どこを探してもない、どんなお店でも買えない、あなただけのすばらしいものができるはずです。

2001年3月
岩澤 亮

CONTENTS

PART 3　壁を飾る　35

〈カラー〉灯りを楽しむ　45

PART 4　灯りをつくる　53

〈カラー〉自然の恵み　69

写真撮影　増田 智
装幀・レイアウト・イラストレーション　富永三紗子
撮影協力　ルッキング・スルー
L・シティ清澄白河（株式会社日鉄ライフ）

素材と作例

[枝]

野山、河原や海岸、公園や街路樹の植え込みなど、枝が落ちていたら拾ってみる。変哲もないただの枝も、用途は無限だ。枝を窓辺に渡し、花やハーブを引っかけるだけで、高原のそよ風を感じることができる。

曲がった枝ならドアの取っ手、まっすぐだったら（曲がっていてもいいけど）フレーム、枝ぶりがおもしろければハンガー、節のところを削ってペーパーウエートもできる。（作例：p60、70、76参照）

ヤマブドウ

ヤマイモ

[細いツル]

ツルは便利な植物だ。編めばものを入れるカゴにも鉢カバーにもなる。クルクル巻けば即座にリース、ランプシェードの枠もツルでできる。

ただ、真円をつくろうとするとなかなかむずかしい。同じ太さに見えてもデコボコがあるし、曲がり方も均一ではない。だから歪んだりいびつになったりするが、「自然がそう望んでいる」のだから、いびつであってもいいと思う。（作例：p48参照）

サルナシ

スイカズラ

アケビ

フジ

[太いツル]

ツルはツルでも、いちばん太いところは直径10cmもあるフジ。下刈りされた林で、根元を切られてぶら下がっていたのをいただいた。

何かをつくるというよりも、形の異様さ、大きさに惹かれたが、しばらく考えてフラワーラックとフラワーベースになった。（作例：p71参照）

[曲がった枝]

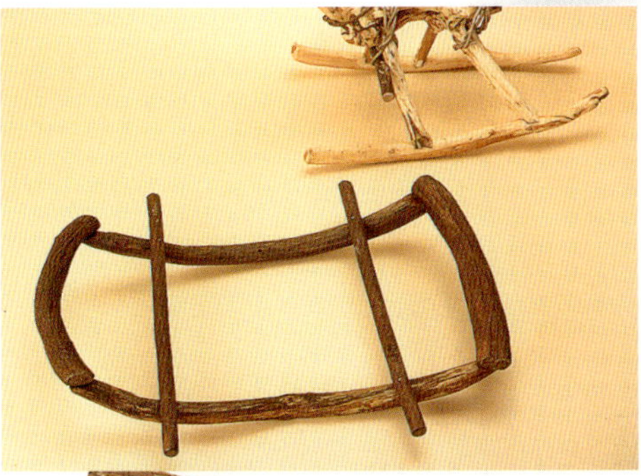

木の枝は、たいていカーブを描いて上に伸びている。その曲がりを利用して、揺り椅子、揺りカゴ、木馬などのロッカー（ソリのある脚部分）ができる。

ただ、理想的なカーブのものを、２本探すのはなかなかたいへん。ケヤキならケヤキと材質もそろえたいところだが、まあ、ケヤキとカエデといった別の素材でも実用に は差し支えない。（作例：p74、75参照）

[流木・朽ち木]

流木や朽ち木は、雨や風や水が、何年という歳月をかけて磨きぬいたものだ。だから古いものはほとんど完璧な形をしている。「何も足さない、何も引かない」で十分という自然のアートだ。

流木の木質はかなりしっかりしているが、朽ち木は腐食が進んでいることが多い。腐食部分をよく取り除いて使う。

（作例：p69、72、73参照）

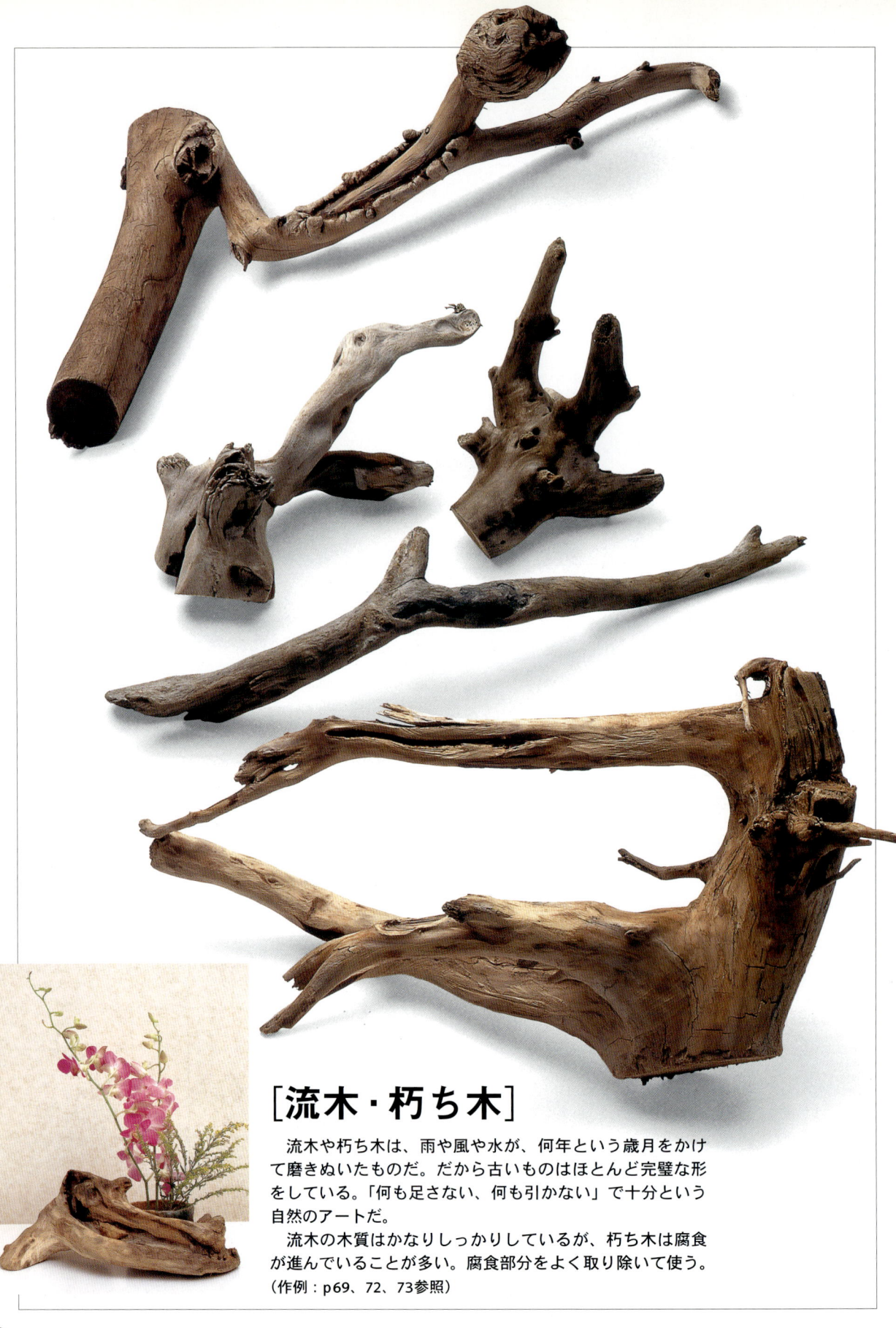

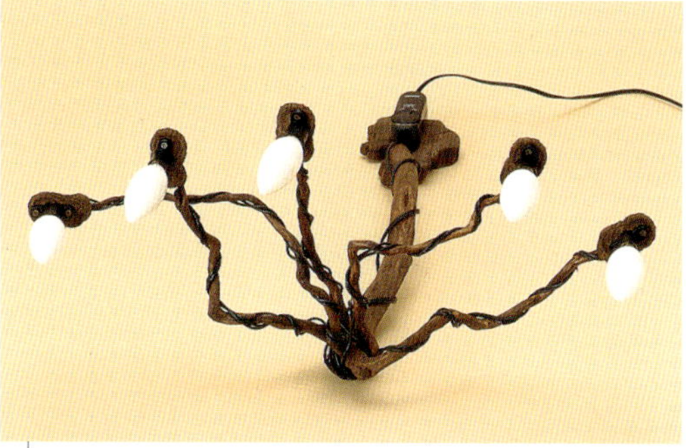

［根］

根はたいてい泥にまみれて転がっているから、お世辞にもきれいとはいえない。でも、流木の根が美しいように、汚れを洗い落とせばみごとな自然の造形を示してくれる。

木の種類や地層の違いによって形も色もさまざまだが、闇の世界に生きていた奇怪な形や、たくましい生命力を感じさせる点は同じだ。（作例：p47参照）

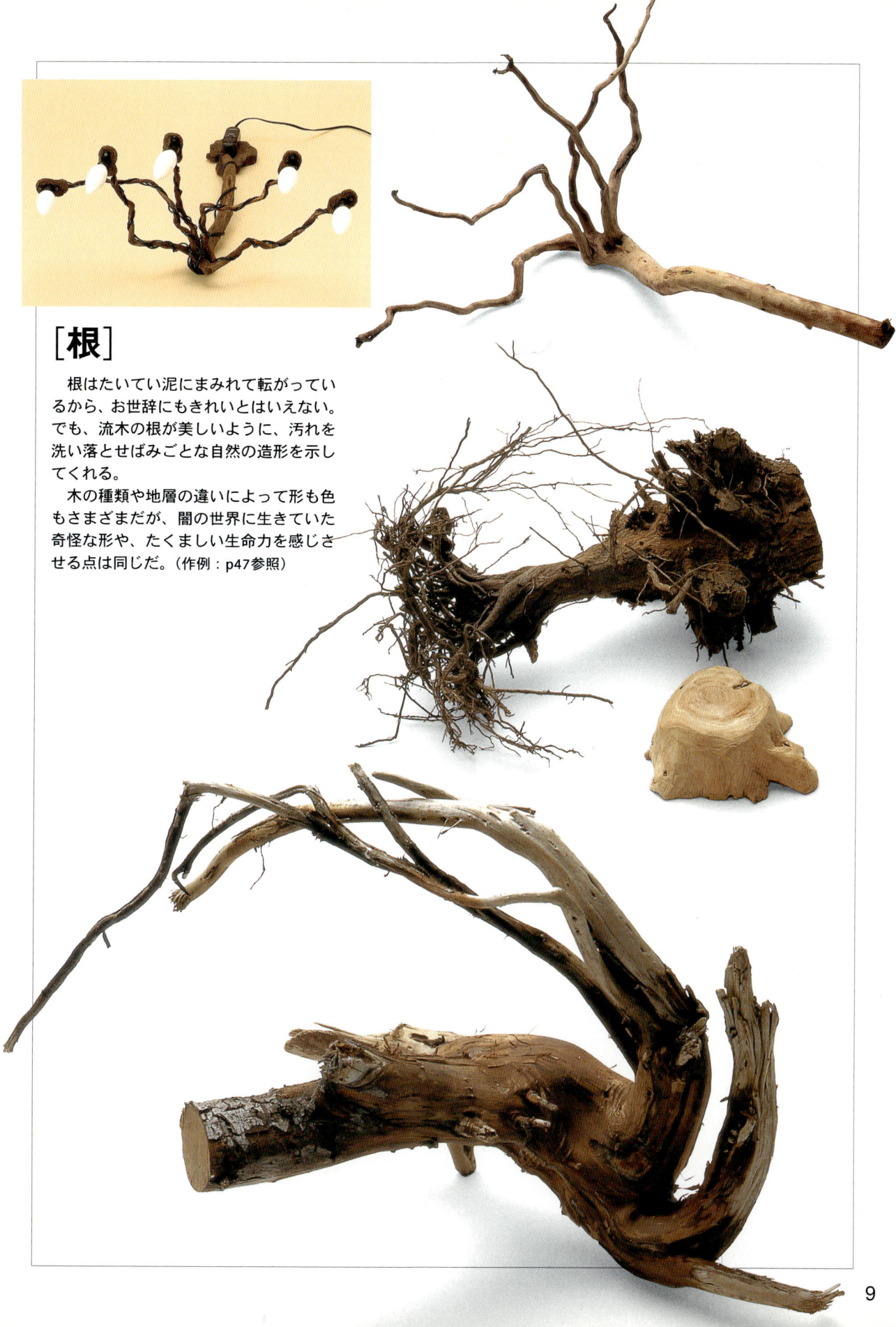

[竹]

カゴ、楽器、玩具、日用品と竹の用途は広い。ワイルドクラフトではあまり竹を使っていないが、花瓶代わりの竹筒、シェードのスポーク、竹クギなどに欠かせない。〔作例：p73参照〕

[ススキ]

ススキの茎は、いつでも、どこでも手に入る便利な素材。丈夫でまっすぐ、腐りにくいので昔は茅葺きの屋根に使われた。ススキの茎をタコ糸で編めばスダレができるし、それをランプシェードにすると、ちょっと変わった光と影を楽しむことができる。（作例：p50参照）

[太い枝・幹]

林道の周囲はもちろん、河原や海岸にも太い枝が転がっている。持ち運び可能な大きさに切り出してもらってこよう。丸太の輪切りはそのままで鉢置きにすると風情があるし、ランプその他のベース（台）に大切な素材。〔作例：p47参照〕

[松の枝]

松の樹皮は荒々しく無骨だが、その男性的な樹皮の下に、絹のような光沢の美しい木肌が隠されている。水に強く、虫が入ることも比較的少ないから、かなり古い朽ち木でもきれいなものが多い。

形はシンプルなものが多いが、古木では異様な形の枝やコブをつくったりする。松林で倒木や枯れ枝を探してみよう。（作例：p52参照）

[瘤（コブ）]

木は節痕などにコブをつくる。大きなコブはなかなか見つからないが、小さなコブはたくさんある。代わり映えのしない１本の枯れ枝でも、古い節痕などはおもしろい形のコブになっている。（作例：p69参照）

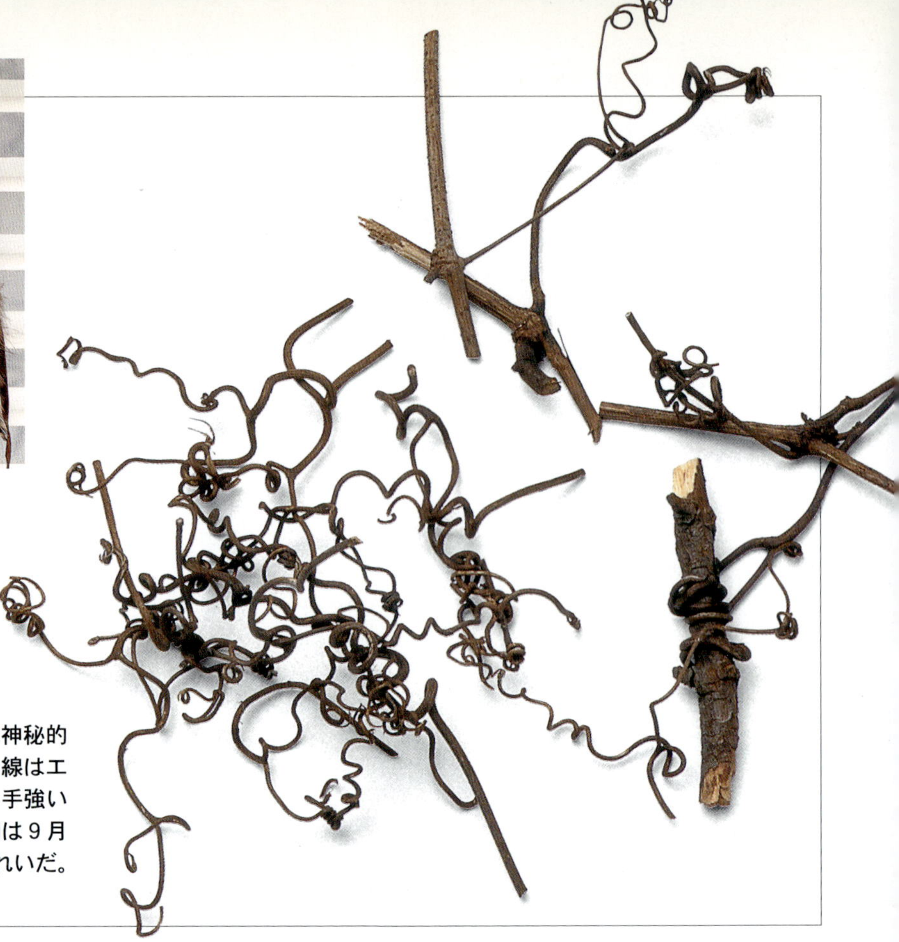

[巻きひげ]

ヤマブドウやエンドウ（豆）など、巻きひげの目立つツルがある。巻きひげはツル の手であり、これで他の枝などにつかまって上へ伸びていく。

とくにヤマブドウの巻きひげは神秘的だ。アールヌーボー風の奇妙な曲線はエイリアンの触手のようにも見え、手強い力で枝を握っている。採取の時期は９月か10月、このころのものは色がきれいだ。

（作例：p76参照）

[木の実]

キノコ狩りの時期、野山にはたくさんの木の実が実っている。マツボックリなど、ありふれた木の実も、よく見ると神秘的で美しい。

「いったい誰が、こんな形を」なんて考えると、ますます神秘的に見える。自然界のすべてのものが、ちゃんとした思考力を持って生きているような気がしてくる。（作例：p40参照）

WILD CRAFT

PART 1

素材の採集と管理

ワイルドクラフトは、自然のなかで素材と出合うことからスタートします。といっても、意気込んで採集旅行に出かけるほどのことはありません。

使うものは、どこにでもある枯れ枝、朽ち木、流木、それに街路樹や庭木の剪定（せんてい）された枝、伐採された林の木々などですから、散歩やドライブのついでに手にはいるようなものです。

一見なんの変哲もないものですが、よく見れば自然の不思議がいっぱい詰まっていて、その形、色、質感が何かを語りかけてくるようです。そんな自然の素材と対話しながら、何かをつくってみましょう。

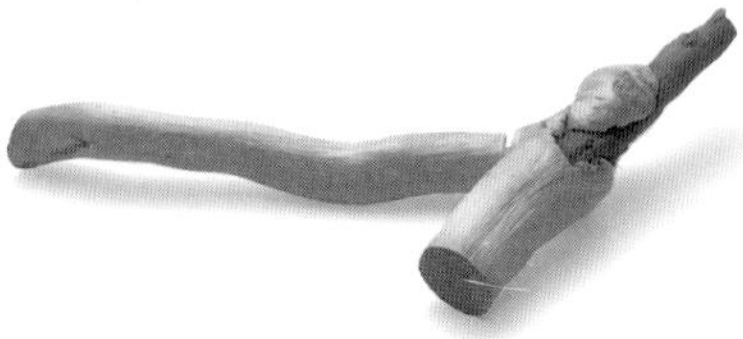

いつ、どこで探すか

**クラフトの材料は、自然のなかから自分で調達します。
もちろんお店で購入しても かまいませんが、自然のなかで自力で
材料を見つけることそのものが、ワイルドクラフトの醍醐味の一つです。**

用途が先か、素材が先か

何かをつくるために素材を探しに行くか、素材を手にしてからつくるものを考えるか、たとえばコートフックをつくる場合、次の二つのケースがあります。

卵が先か鶏が先か

Ⓐコートフックがほしいから素材を探しに行く。

Ⓑ素材を眺めて、「これはコートフックになりそうだ」と考える。

どちらでもいいのですが、実際にはAのように目的を定めて素材探しをしても、希望どおりのものはなかなか見つからないものです。

確実に収集できるもの

もちろん、ツル、ススキ、枯れ枝など、確実に収集できそうなものは目的をもって探していいのですが、コートフックになりそうな倒木、おもしろい形の流木といったものは、期待どおりに見つかるとは限りません。

あとから用途を考える

また、目的がはっきりしていると、そればかりに意識が集中して、足元に転がっているすばらしい朽ち木を見逃したりします。

ですからあまり目的をはっきりさせず、ブラブラ自然にひたりながら、いろいろなものを眺めてみます。そして興味をひかれた素材をともかく持ち帰り、あとからゆっくり用途を考えます。

要するに素材探しは目的にこだわらず、心にふれるものを探すということです。

河口の流木

倒木

狙い目は伐採あと、剪定された枝や幹

自然が少なくなったといわれますが、けっこう身近なところにも自然はあります。

身近な自然にも

公園や街路樹の下に小枝が落ちていることがありますし、ドングリやマツボックリ、プラタナスの実を拾うこともできます。植え込みや庭木の剪定（せんてい）に出合ったら、落とされた枝をもらいます。

雑木林を覗いてみる

生木の新しい枝などは、込み合った雑木林を覗いて、気に入った枝を選びます。もちろんこの場合は、林の持ち主の了解が必要です。

狙い目は伐採あと

狙い目は、林道のわきや下刈りされた林です。林道や山村の小道は、生い繁って邪魔になった雑木などが数年に一度刈り払われますが、このとき道の両側には手ごろな素材がたくさん眠っています。

また、間伐や下刈りされた林も同じように狙い目です。いずれも秋から春にかけて切られたものを、晩春ごろまでに拾えれば、虫の害もなく最高です。

伐採あとでの収集

季節ごとのポイント

野山、特に雑木林は季節によって状況が違いますが、いずれにしろ、散歩、ドライブ、ピクニック、バーベキューなど、ちょっとしたアウトドア・レジャーのついでに自然のなかをブラブラ歩いてみることです。

河原や海岸は
いつでも流木の宝庫

河原や海岸はいつでも流木を拾えます。特に台風や大雨のあとは絶好のチャンスです。

春

タラの芽

まだ草木が葉を繁らせないうちが狙い目。見とおしがよく、樹形やツルの様子がよくわかります。積もった枯れ葉もまだ腐敗せず、倒木や朽ち木も扱いやすい時期で、フキノトウや山菜を探す楽しみもあります。春の林道は重要チェックポイントです。

夏

木イチゴ

日当たりのよい道路わきは、雑草とツルが生い繁り、なかなか林に入りにくい時期です。しかし、林の奥は雑草も少なく、意外にさっぱりしています。

夏は蚊や虫が多く、木の実も少ないので、河原や海岸、高い山などがポイントです。

秋

キノコ

素材収集の絶好のシーズン。葉が落ちて見とおしがよくなるのはもちろん、樹木の水分や養分の流れが少なくなる時期なので、木もツルも採集にもっともよい時期です。

足元にはキノコやクリ、ドングリなど、さまざまな秋の恵みがいっぱいです。

冬

冬の林

冬も好シーズン。林のなかは風も少なく木漏れ日もはいるので、外より３～４℃高く、けっこう暖かいものです。

積もった落ち葉も落ち着いて、朽ち木などを拾いやすい時期です。もちろん雪がなければの話ですが。

どんなものを収集するか

枯れ枝や倒木は林に入れば無数にありますし、流木も場所によってはトラック何台分も固まっていることがあります。そのなかからどんなものを選べばいいでしょうか。

3つのポイント

「心に響くもの」「何かできそうだと思うもの」「“もったいない”と思うもの」

これらのものは、そのとき何をつくるか思いつかなくても、収集しておきます。持ち帰ってしばらく眺めていれば、きっと何か思いつきます。

「心に響くもの」

かわいい、きれい、立派、不思議、不気味など、なんとなく心に響くものです。

「何かできそうだと思うもの」

広がった枝や根は、そのままランプやキャンドルスタンドになりそうです。まっすぐなもの、枠のような形をしたものは、そのままフレームになりそうです。よいツルは、いつか何かに使えます。

「“もったいない”と思うもの」

剪定された枝、伐採された木、流木や朽ち木などのなかには、立派というかすばらしいというか、捨ててしまうには「もったいない」と思われるものがあります。持ち運びできないような大きなものは仕方ありませんが、持ち運べるものはもらっておきます。

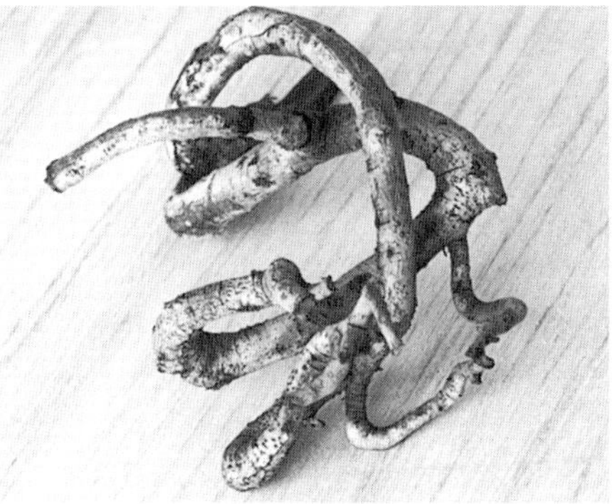

不思議な木の根

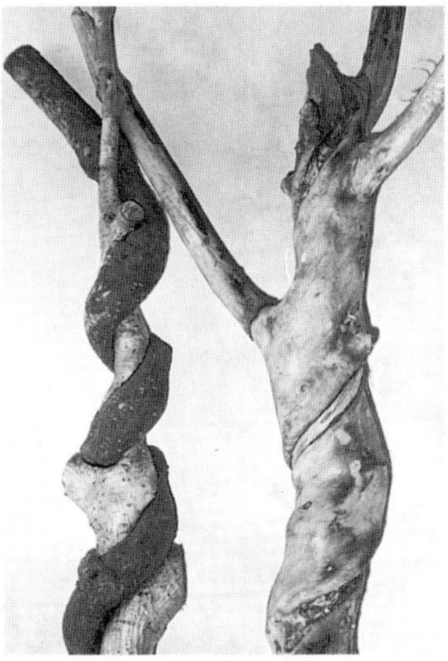

ツルがからんだ枝

採集していいものか悪いものか

見つけた素材を無断で持ち帰っていいものかどうか、迷うことがあります。明確なガイドラインはありませんが、「所有者や土地の人に聞いてみる」「余分なものはとらない」のが原則です。

河原や海岸の流木・朽ち木

河原や海岸の流木・朽ち木を拾うのはかまいませんが、もちろん付近に禁止の掲示がある場合はひかえます。

山林など

私有地にあるものは朽ち木といえども、持ち主の了解が必要です。

特に「入山禁止」などの立て札のあるところははいらないようにします。

「止め山」も同様です。「止め山」というのは、ふだんは人がはいれるのですが、ある期間、休養させている山林です。

林道の周辺

林道の周辺は市町村などの共有

地と私有地が入り混じっていて、外部の人には持ち主がわかりにくいものです。

このときは土地の人に、もらっていいかどうか聞いてみます。量が少なければ、たいてい「そのくらいは、いいよ」といってくれます。

国立公園

国立公園には、特別保護地区、特別地域、普通地域の３つの地域があります。

このうち特別保護地区では、枯葉１枚、石ころ１つ持ち出すことも禁止されていますから、朽ち木や枯れ枝でも持ち帰ってはいけないことになります。

普通地域では枯れ枝や朽ち木を拾ってもかまいません。ただ、各地域の境界がふつうの人にはわかりませんから、地元の役場で聞いてみます。要は「環境」と「生態系」を乱さないようにするということです。

後片づけをする

切り離した余分な木やツル、樹皮などは、ひとまとめにして片づけておきます。

特に道ばたでの作業の後は、後片づけが大切です。

道具と服装

ドライブの途中でせっかくすばらしいものを見つけたのに、服装や道具が不備のために採集を断念しなければならないことがあります。簡単な道具をいつも用意しておきましょう。

折りたたみノコ

大きな流木から一部を切り離したりするのに便利です。

刃渡り20cmぐらいの小型のもので十分。直径10数cmの丸太も切ることができます。

大型のナイフ

採集で使うナイフはナタ代わりですから、切れ味より大きさ重視です。

大きいナイフは小枝を払うのに便利です。また、土を掘ったり、急斜面を登るときのピッケル代わりにもなります。

軍手

忘れてならないのが軍手。軍手があれば少々汚れたものでも平気ですし、手を傷つけることもありません。また軍手は、寒いときにたいへん効果的な防寒具です。

帽子

夏は日よけや虫よけ、冬は防寒具として帽子をかぶりましょう。また帽子は、木の実やキノコなどの入れ物にもなります。

長袖を着る

林や藪には、バラの刺があったり、ハチがいたりします。

森や林にはいるときは、長ズボン、長袖を着け、素肌を出さないようにしてください。

ウルシとツタウルシにはさわらない

ウルシやツタウルシの樹液が肌につくと、かぶれることがあります。ウルシは紅葉の美しい木で、葉柄が紅く、材は黄色です。ツタウルシは松などに付着根を伸ばして這（は）い、巻きひげはありません。

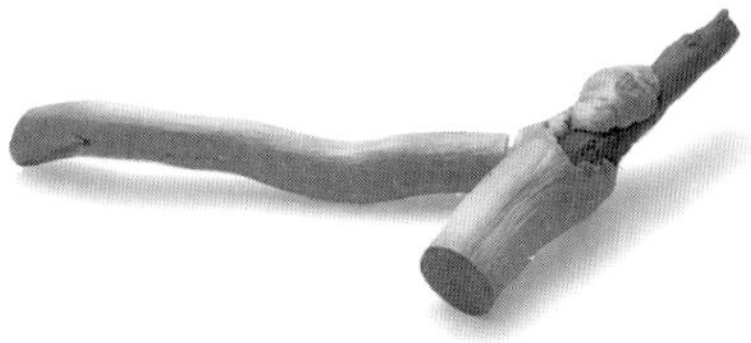

何をつくるか、発想のヒント

自然から採取した素材で何をつくるかは、まったく自由です。
この本の作例はあくまでヒントの一つ、素材からイメージを膨らませて、
自分がほしいもの、必要なものをつくってみましょう。

1本の枝から

たった1本の枝でも、材質や形によっていろいろなものができます。枝を1本手に入れたとします。さて、何ができるでしょうか。

まっすぐな棒なら、窓辺にぶら下げるだけで自然のそよ風が感じられるような気がします。それに木の実や草花をかけてドライフラワーをつくるのもいいですね。

小さく切ってツルで編めば、ナチュラルな鉢カバーやプランターのカバーができます。

まっすぐな部分を利用してペーパーナイフを削りだしてもいいですし、節の形のおもしろさを利用してペーパーウエートやメモクリップをつくることもできます。

何カ所か小枝がでていれば、そのまま小物をかけるハンガーに、うまいぐあいに曲がっていれば、すてきなドアの取っ手になります。

気ままに、思いつくものをつくってみましょう。

樹皮をむいただけの小物かけ

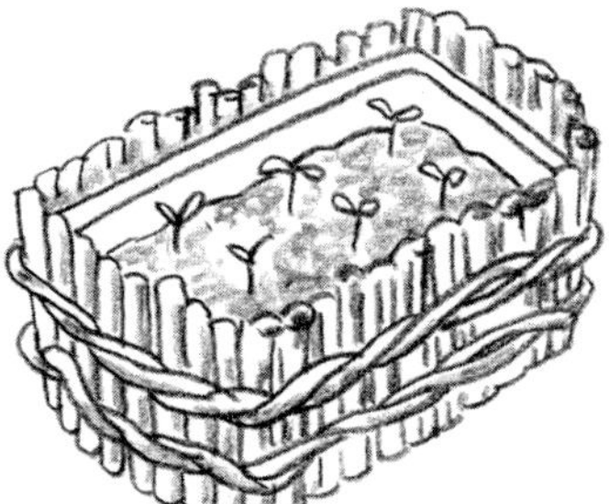

小枝のプランターのカバー

ミニチュア椅子

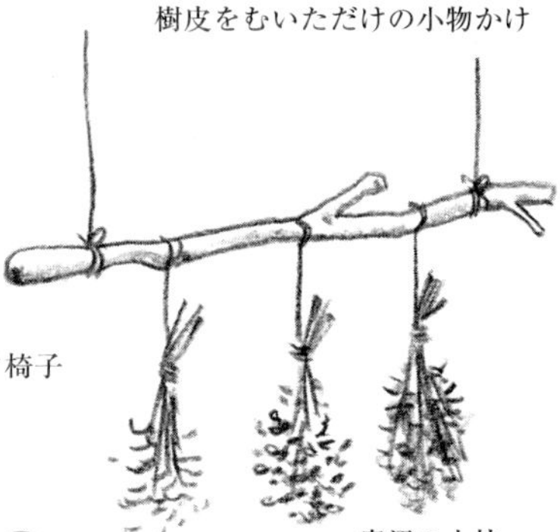

窓辺の小枝

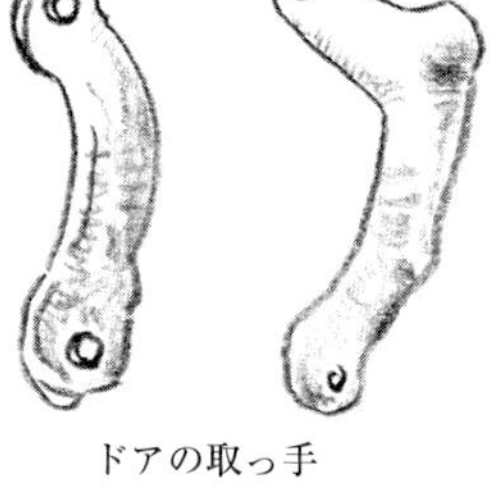

ドアの取っ手

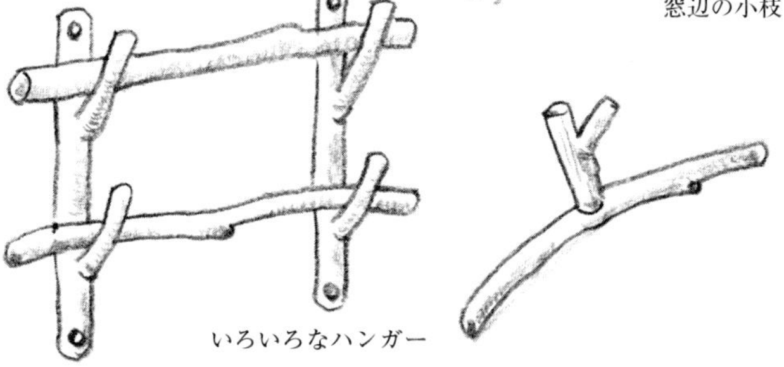

いろいろなハンガー

ヒント1 プラスチック製品を自然素材に置き換える

私たちの身のまわりは、プラスチック、化学繊維、合板などに取り囲まれています。たしかにそれらは丈夫で、安くて、使い勝手がよいのですが、なにか本物ではないという物足りなさがあります。

これらプラスチックや合板でできたものを、ピュアな自然素材でつくることはできないか、と考えてみるのもヒントの一つです。

たとえば、市販のランプのほとんどは、プラスチックと金属、化学繊維で作られています。これを可能な限り自然素材に置き換えたのが、本書の作例にあるランプです。

ランプの部品

ツルのシェード

ヒント2 本や映画から

クラフト関係の本はもちろんですが、住宅関連の本や映画にもヒントがたくさんあります。

クラフト関係の本の他、洋書の住宅・インテリア関係の本、特にカントリーハウス、ログハウス、ビーチハウス、アメリカの西部開拓時代の住まい、などといった本は、写真を見るだけでもさまざまなヒントが得られます。

また、19世紀までを舞台にした映画や西部劇なども参考になります。

背景の小道具に、プラスチックがなかった時代のさまざまなものが使われているからです。

時間をかけて考える

世界に二つとない貴重な素材。ゆっくり用途を考えましょう。

ツルや木の実など、比較的簡単に手に入るものは別にして、おもしろさや不思議さを感じる素材は、世界に二つとない貴重なものです。思いつきでさっさと短く切ったりすると、あとでよい活用法を思いついても取り返しがききません。

少なくとも2、3日ゆっくり考えて、それでも納得できる活用法が浮かばないときは、しばらく放っておきます。そのうちきっといいアイデアが浮かんでくるはずです。

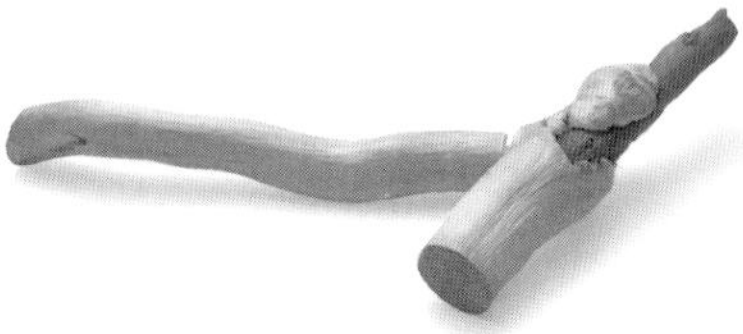

素材の管理と保管

ワイルドクラフトでは、収集した素材の管理と保管がまず大切。
お店で購入するものは、ある程度の品質保証がありますが、
自然のなかから見つけだすものは、素材そのものの性質、
置かれていた環境や年月などによって、状態がいろいろです。
それを洗ったり磨いたり、乾燥させたりするうちに、用途が見えてきます。

まず水洗いする

収集したものは、生木でも朽ち木でも、とにかく水で洗います。きれいに見える木でもホコリや古い樹皮が付着しており、朽ち木や根には土がついていますから、これを洗い流すと違った表情があらわれます。

樹皮や木肌を傷つけないように、はじめは家庭用のタワシや歯ブラシ、ワイヤーブラシ（金タワシ）で汚れをこすり落とします。樹皮や木肌の状態を見ながら、硬軟のブラシを使い分けてください。

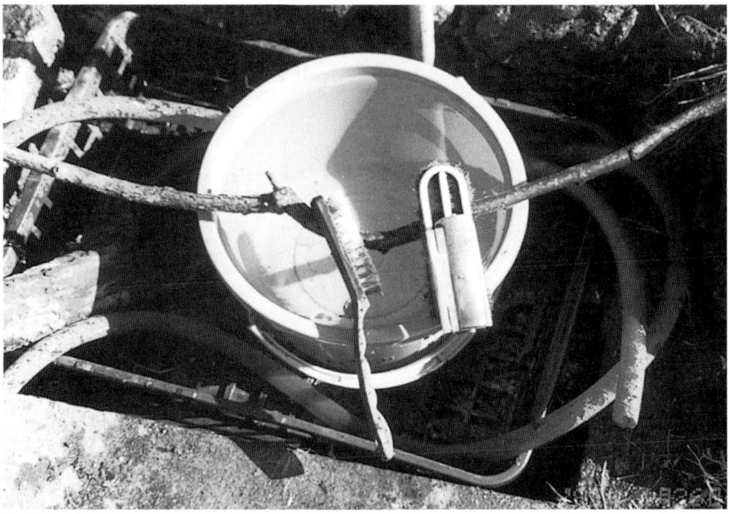

樹皮をむくかむかないか

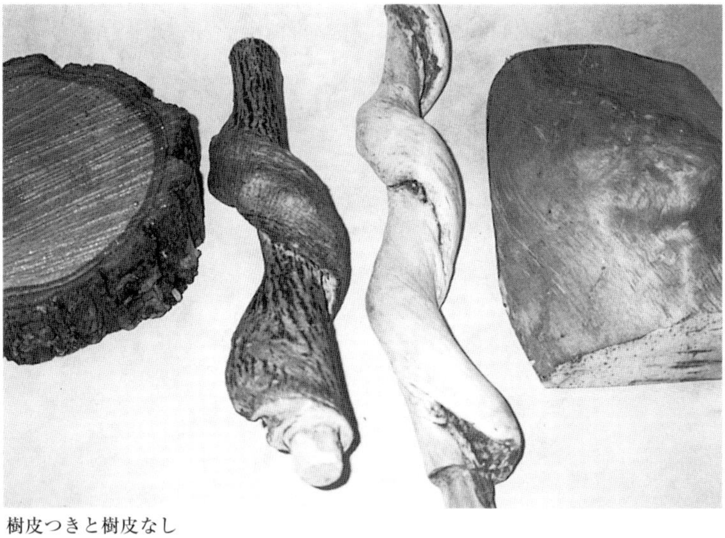

樹皮つきと樹皮なし

水洗いした後、樹皮をむくかむかないかは、素材の状態によって決めます。

・**流木や朽ち木**：古い流木はたいてい皮がとれていますが、もしついていればとります。

・**生木や枯れ枝**：素材の端の樹皮を削ってみて、簡単にむけるものはむいておいた方が乾燥が早く、虫も入りません。樹皮がきれいでむきにくいものはそのままにします。昔からサルスベリ、ナツツバキ、コブシなどは、皮つきのまま床柱などに使われ、独特の風情があります。

・**木の根**：一般的に根の皮はたいへんむきにくいものです。そのままの利用を考えます。

皮をきれいにむく方法

樹皮はナイフでたんねんにむきます。生木でも枯れ木でも、ナイフでむきにくい頑固なものは、数日から10日間、水につけておくと比較的簡単にむくことができます。

小さな素材はバケツや洗面器で十分ですが、大きいものは大型のビニール袋（ふとん収納用や漬物用など）に水を入れて利用すると便利です。

樹木には木部と樹皮の間に「形成層」というものがあり、これが外に向かって樹皮を、内側に向かって木部を作っていきます。この形成層の外側を甘皮といい、これをきれいにとるがけっこうたいへんです。木肌の質感や色を大切にする場合、甘皮をきれいにとるのが大切な作業です。

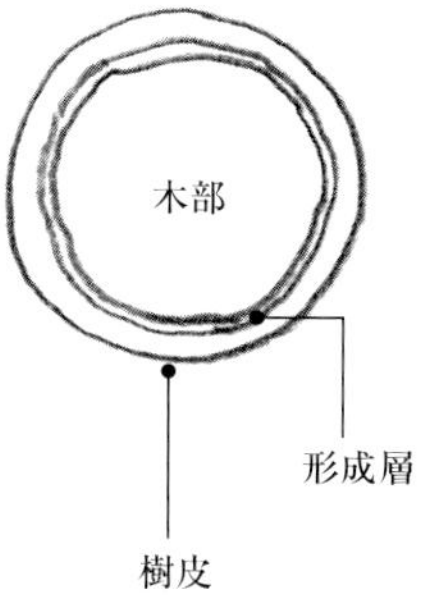

カビや虫、腐敗を防ぐ

水洗いし、樹皮を処理したものは、軒下、ベランダの片隅など、風とおしのよい場所に、雨がかからないように保管します。屋外に置く場合は、ブロックの上に井げたに重ねるなど地面から離し、ビニールシートをかけます（包み込まないように）。

特に春から夏にかけては、カビが発生しやすいので湿気には注意が必要です。カラッとした晴天の日には、風とおしのよい場所に並べて乾燥させるようにしましょう。

また、この時期は、樹皮をつけたまま戸外に放置すると、木くい虫が入る恐れがあります。加工するまで長期に保管するときは、戸外用の防虫・防腐塗料（ウッドガード、シールステインなど）を塗っておくのもいいでしょう。

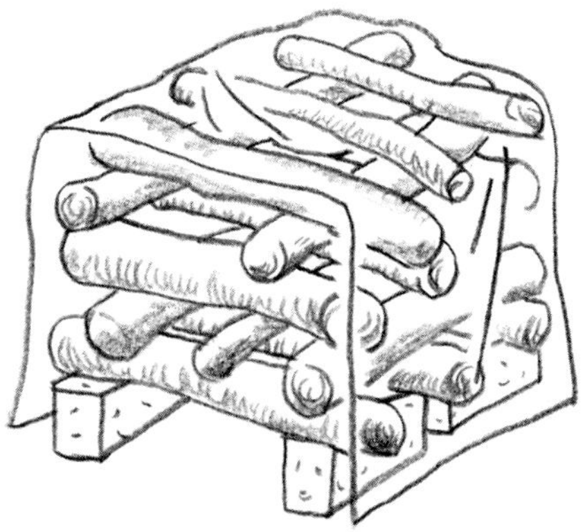

ヒビ割れを防ぐ

生の太い木は、乾燥するにつれて割れが生じます。割れもまた自然の姿と思えばそのままでもいいのですが、たとえばランプのベース（基台）などは、なるべく割れのないものにしたくなります。

割れを防ぐには、木口（木材の切り口）に木工ボンドを塗っておくと有効です。丸太の水分は木口から蒸発しますから、ここにボンドの皮膜をつくることによって、全体が徐々に乾燥するようにするわけです。

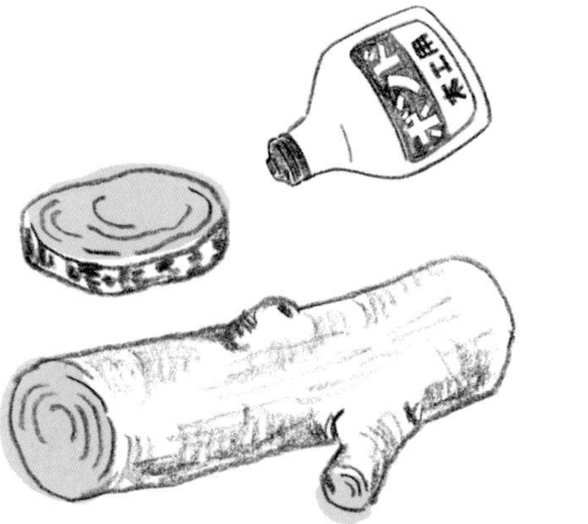

朽ち木・倒木は腐食部分を取り除く

朽ち木や倒木は、ある程度腐食が進んでいます。土や落ち葉に埋まっていた部分が腐りはじめたり、柔らかい部分が腐食して、硬い年輪の部分がきれいに残っていたりします。

腐食の程度はいろいろですが、ナイフやドライバーでちょっと削ってみて、ポロポロ粉状に落ちるような部分は極力こそぎ落とします。この状態ではクラフトの役に立ちませんし、この部分からさらに腐食が進むからです。

腐食部分を取り除くには次のような方法があります。

①ナイフやドライバーでこそぎ落とす
②水で洗いながら硬いワイヤーブラシでこそぎ落とす
③硬いワイヤーブラシをつけたドリルやディスク・グラインダーではじき飛ばす

③がいちばん効率的ですが、すごいホコリが舞い上がり、騒音もかなりありますから住宅地ではおすすめできません。ナイフやワイヤーブラシでコツコツ作業をしながら、おもしろい形を発見したり、活用の方法を考えたりしてください。

狭い隙間の奥などは、ドライバーや千枚通しの先端、ルーターなどで掘り出します。

劣化した部分も活かしたい場合

腐食によってかなり劣化しているけれども、形の上からはその部分を活かしたいと思うことがあります。

その場合は、強い皮膜をつくるウレタン系塗料（ネオウレタンクリヤーなど）で保護することができます。ただ、表面がプラスチックのように光ってしまうのが難点です。

また、木材の内部に浸透したのちに固まりはじめるオイルフィニッシュ用塗料（ワトコオイルなど）も効果があります。ただ、透明なものを使ってもいわゆる「濡れ色」（アメ色）になってしまいます。

劣化した部分を強化するということは、そもそも不自然なことです。劣化によって欠けたり折れたりするのも自然のなせるワザですから、それをそのまま楽しめばいいと思います。たとえば花器などは、劣化部分そのものが味わいになることがあります。

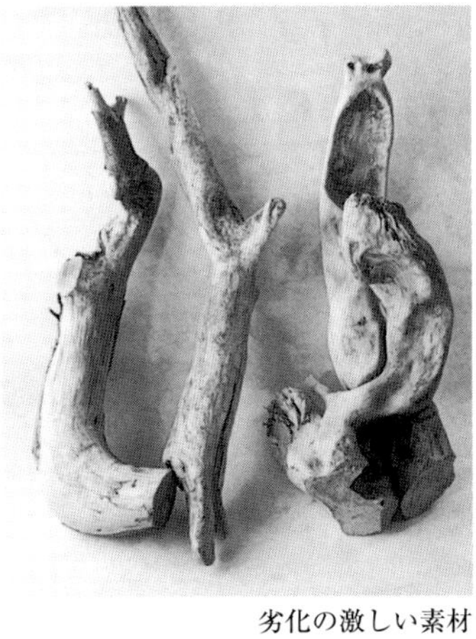

劣化の激しい素材

海岸の流木は塩分をとる

長い間水中にあった流木は、虫が入っていることもなく、堅牢な木質部のみが残っていますから、よく乾燥させれば問題はありません。

ただ、海岸で拾った流木は塩分を含んでいることがあります。2、3日真水につけたり、1、2カ月屋外に放置して風雨にさらします。

ツルの保管

採取したツルは、種類ごとに輪にし、風とおしのよい日陰で1週間～10日ほど乾燥させ、雨がかからないように保管します。

使うときは1晩～1昼夜水につけるとしなやかさを取り戻します。といっても種類によって違うので、時間の経過をみながら折り曲げテストをしてみます。

大きい水槽がないときは、大きいビニール袋を利用します。日光の元に置けば水温が高まり、ひたす時間が短縮されます。

主な工作作業

**ワイルドクラフトの作業は、樹木の皮をむいたり、朽ち木の泥を落としたり
といった簡単な（でも少し根気のいる）ことが大部分です。
そのあとにやや木工的な作業があります。**

組み接ぎ

枝や支柱を安定よく立たせたり、椅子や棚をしっかりつくるときに、2つの素材を接合する「組み接ぎ」が必要になります。p 87、95を参照してください。

塗料について

塗料のいろいろ

できたものに塗料を塗るか塗らないか、色をつけるかつけないかは自由ですが、それぞれの好みによります。

・自然の木肌を重視する場合

木肌や樹皮を自然のままの風合いで楽しみたいときは、何も塗りません。時間の経過とともに少しずつ色合いが変わりますが、それも「自然の変化」と思えば味わいがあります。

・カビの恐れのあるもの

湿気のある場所に置くもの、濡れたタオルやふきんをかけるものなどは、耐水性のあるラッカーなどを塗ります。

・不自然な色には着色

作品によっては着色したいケースもあります。たとえばp 47の壁かけランプは、汚れを落とす作業で白っぽくなってしまい、結局ウォルナットのフロアオイルを塗って雰囲気を変えました。

・弱いものの補強

たとえば朽ち木の劣化した部分、はがれやすい樹皮などを、自然のままに利用したいときは、付着性の強い塗料で補強します。強力なのはポリウレタン樹脂塗料ですが、ニスやラッカーを塗り重ねるのも効果があります。

作業場と工作台

作業スペースは、ベランダや6畳の書斎でも十分です（もちろん、アトリエや庭があれば申し分ありませんが）。室内の場合は、広いビニールシートや大きなビニール袋を広げて作業スペースにします。切りくずなどはシートに落とし、作業が終わればシートを丸めて店じまいします。

マンションなどの場合、ノミをたたく音などは近所に伝わりますが、大きめの丸太などを作業台にするといくらか音が軽減します。ぜひ大きめの作業台を見つけてください。

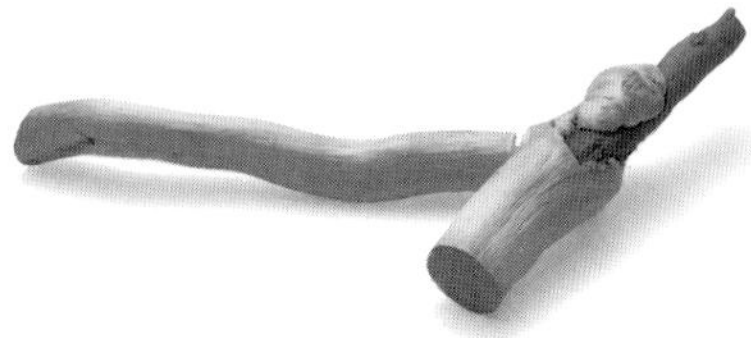

主な道具

むずかしい技術は必要ありませんから、特別な道具も不要。
どこの家庭にもある手作業的な道具で十分です。

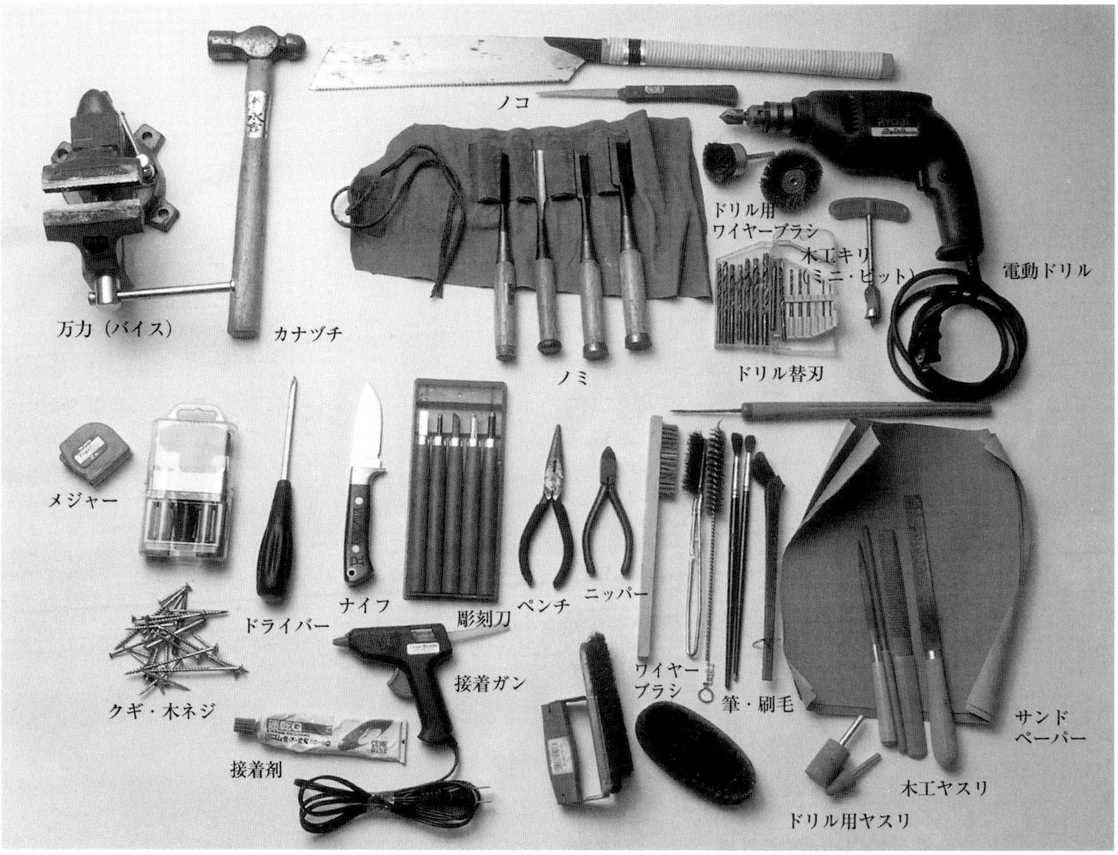

基本的道具

ノコ：素材収集用と兼用でもいい。ただし、土のついた根などを切ると切れ味が落ちるので、刃が替えられるものが便利。

ナイフ：素材収集用は大型、工作用はよく手になじむ中型。私の場合は刃渡り7～8cm、先の丸いものが使いやすい。

その他：カナヅチ、ドライバー、ペンチ、ニッパーなど。

削る、彫る･穴をあける道具

キリ：小さな穴はキリが便利。ドリルで開けるときも先にキリで小さい穴をあけておくと失敗がない。

ノミ：刃の幅9、14、24mmの3本セットが一組あるといい。

彫刻刀：小中学生が使うセットで十分。

電動ドリル：新しく購入するなら中型を。小型は大きい穴（直径10mm以上）が開けられないし、大型は重くて扱いづらい。

磨く道具

ワイヤーブラシ：素材を洗う必需品。硬さや形はいろいろあった方が便利。

木工ヤスリ：磨くというより、ホゾを微調整するのに便利。

サンドペーパー：素材や作品の仕上げに。必要に応じて各種。

あれば便利な道具

万力（バイス）：（p83参照）

ルーター：（p81参照）

ディスク･グラインダー：（p81参照）

WILD CRAFT

PART 2

花を飾る

どこにでもあるススキの穂茎、落ち葉に埋もれていまにも朽ち果てそうな木の根、根元から切られてブラブラしていたフジなどで、花器のようなものをつくってみました。

つくったといっても、自然の形をちょっと加工しただけ。それに生け花もフラワーデザインのことも知りませんから、はたして花器といえるものかどうかわかりません。

でも、自然が生みだした不思議な形のなかに花を置いてみると、なんだか自然の一部がそっくり部屋に移動してきたようで、急にいきいきとしはじめました。枯れ木や朽ち木は花を引き立てる名わき役なのでしょう。

スススキの穂茎を使って

どこにでもあるススキ。まっすぐなのと丈夫なのが魅力です。

素朴で簡単な一輪挿し

　ススキはいつでも、どこでも簡単に採取できる。茎は丈夫なので、今年のものでも去年のものでも、立ち枯れているものを刈ってくればよい。

　根元は曲がっているから、なるべくまっすぐな部分を採取する。それでも1m以上はあるから、根気さえあれば大きなスダレもできる。根気に自信がなかったので、小さな一輪挿しとランプシェードをつくってみた。

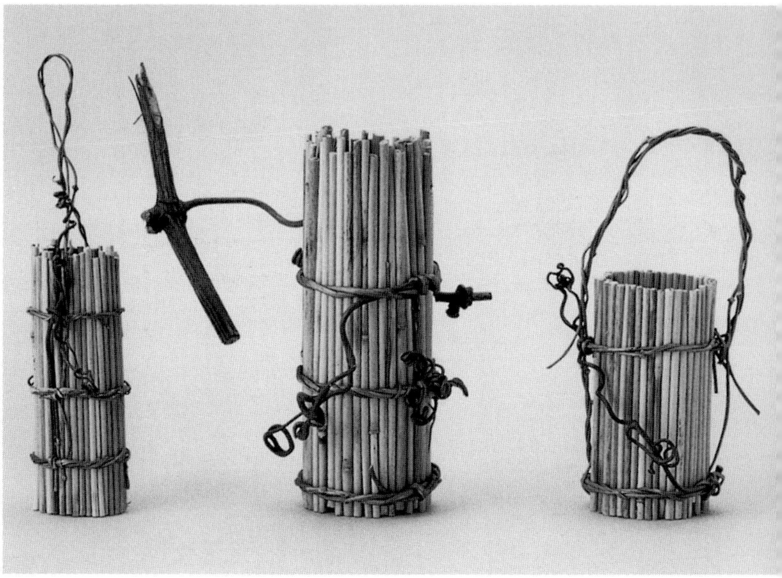

（カラーp72参照）

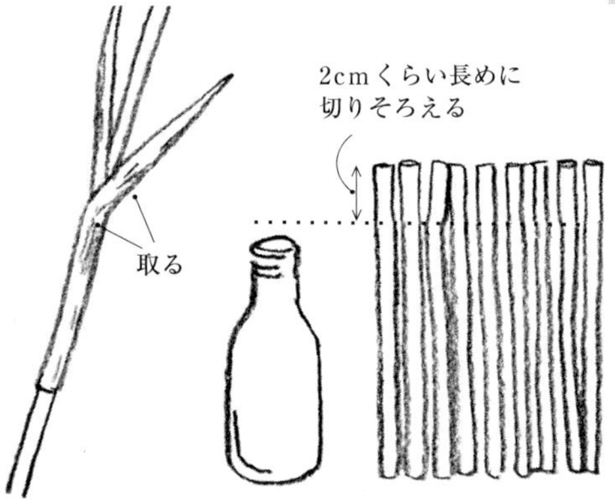

1 ススキをそろえる

　茎を包んだ葉をきれいに取り、花挿しの本体になる小ビン（竹筒）を包むススキを切りそろえる。太さを均一なものに。

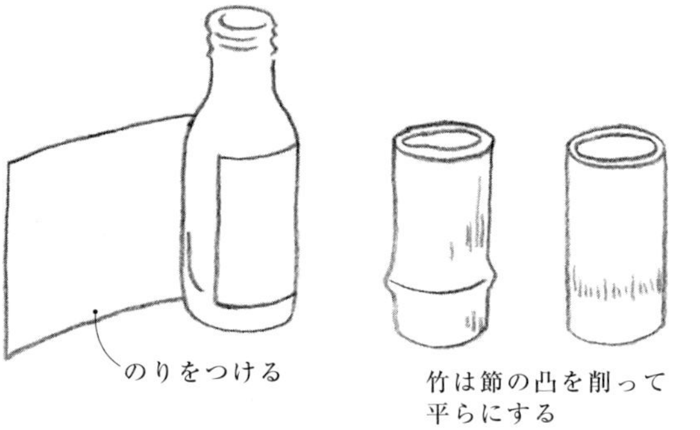

2 小ビンに紙を張る

　ガラス、竹の表面は接着剤がつきにくいので、厚めの紙を張る。竹筒を使うときは節を平らにする。

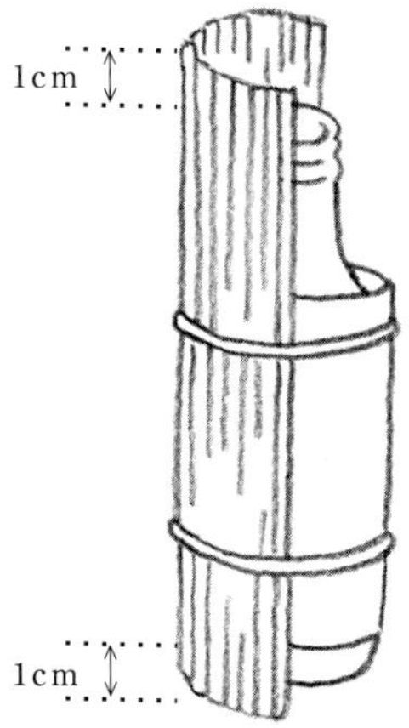

3 輪ゴムにススキをはさむ

　2カ所に輪ゴムをはめ、ススキをはめ込んでいく。隙間ができないようにびっしり並べる。

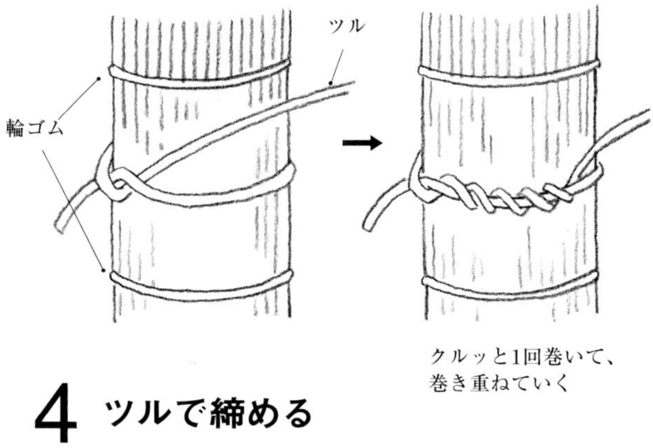

4 ツルで締める

　輪ゴムをしたまま、細いツルをタガにして締める（2カ所か3カ所）。しっかり締まったら輪ゴムをとる。

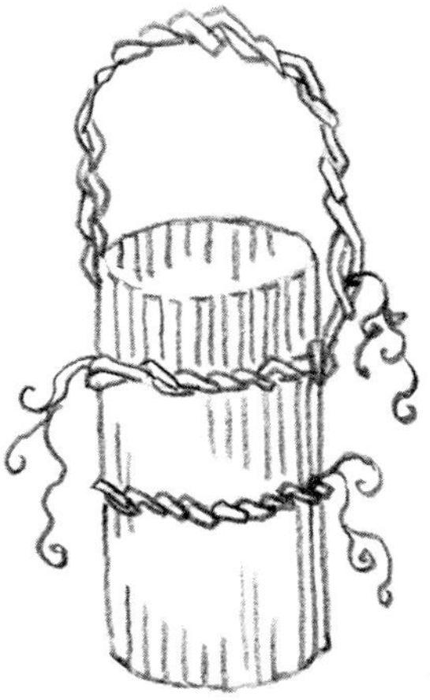

5 取っ手をつける

なかのビンや竹筒が抜け落ちないように、底にツルを1本通してタガに固定。そのツルを伸ばして取っ手をつくる。

6 できあがり

ススキが動くときは、紙との接点に接着剤をつける。好みによってヤマブドウのツルなどをあしらってできあがり。

ススキのランプ

電球の周囲に、スダレ状の円筒シェードを置き、光と影を楽しむランプ。これを灯すと部屋の雰囲気が一変する。

光源が小さいほどくっきりした影ができるので、中型（E17）の裸電球を使う。ハロゲンランプが理想的だが、その場合は変圧トランスが必要だ。

（カラーp50参照）

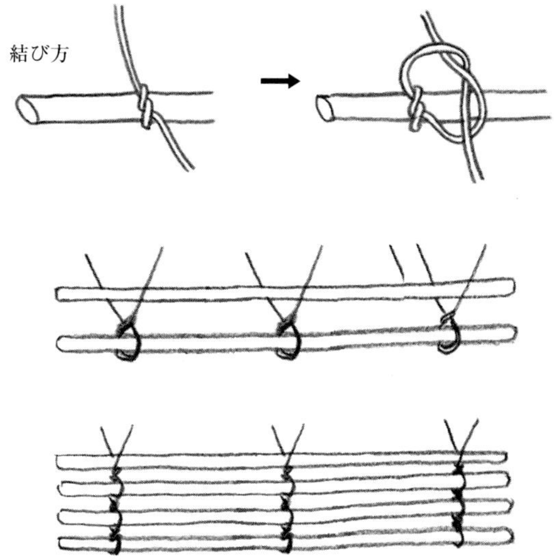

1 スダレを編む

1本のススキに3カ所、タコ糸（5号）を男結びに結び、その上に1本重ねてまた結ぶ。これをくり返す。

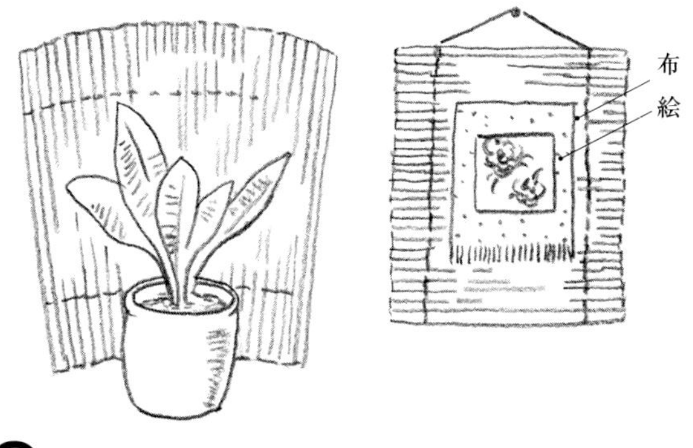

2 スダレとしても使える

鉢や花瓶の後ろに置いたり、壁掛けのフレームとして使ってもよい。

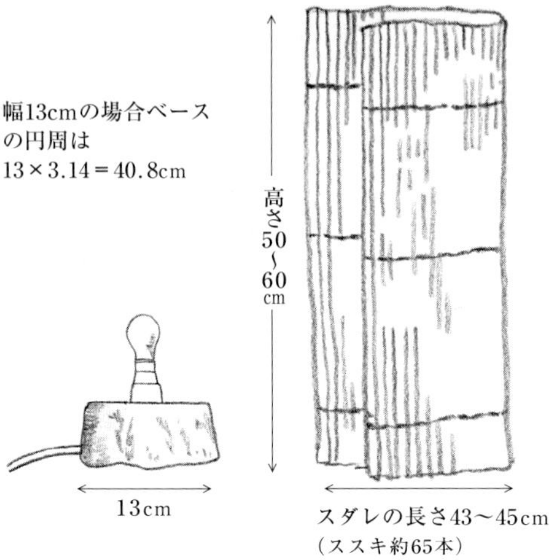

3 スダレの長さと高さ

ランプシェードには、高さ50〜60cm、長さはベースの円周分が必要だ。ベースの直径13cmのとき、43〜45cm。

4 ベースをつくる

厚さ３〜５cmの丸太の輪切りにコード用の穴をあけ、中央にE17型ソケットを取りつける。安全のため電球とスダレの間は5cm以上離れるように。

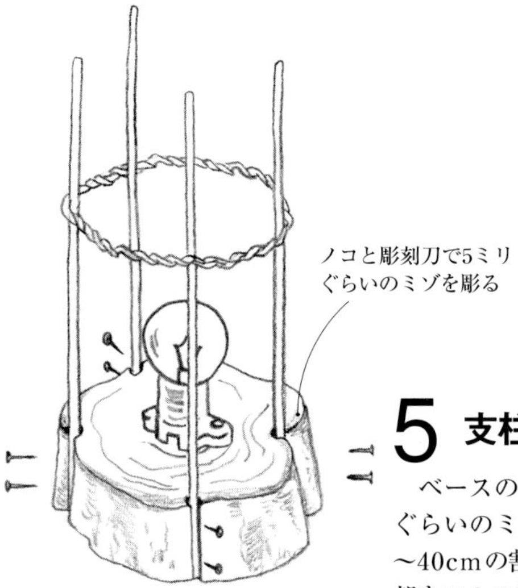

5 支柱を立てる

ベースの４方に５㎜角ぐらいのミゾを掘り、30〜40cmの割竹を立て、上部をツルの輪で固定する。

6 とめ輪（タガ）をつくる

ベースに巻いたスダレを安定させるとめ輪（タガ）。スダレの厚さを考慮してツルで輪をつくる。

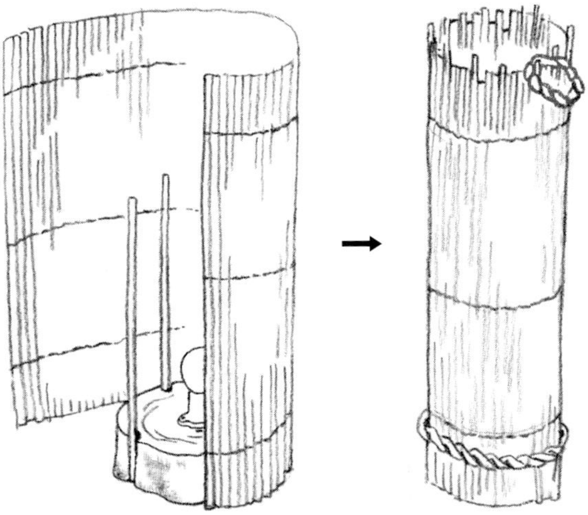

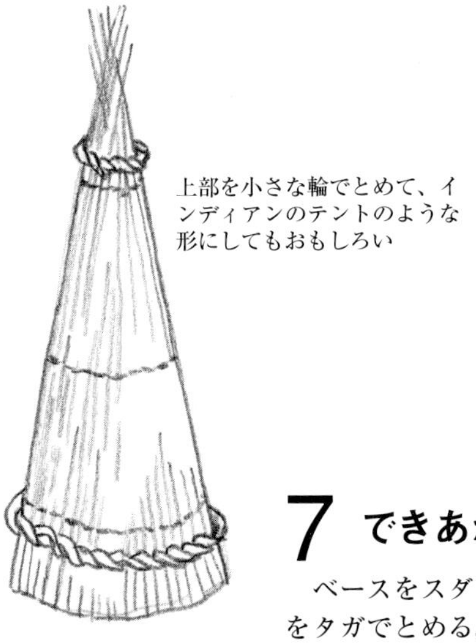

7 できあがり

ベースをスダレで巻き、下部をタガでとめる。上部はスダレの端と端を小さな輪でとめる。

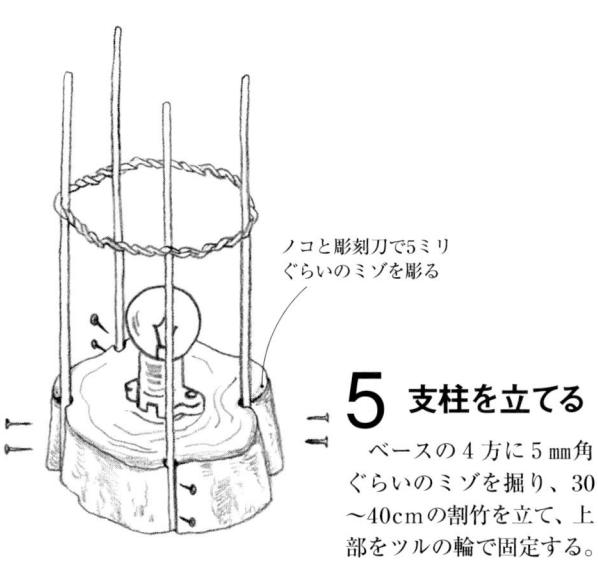

フレームつきフラワーベース

花を自然のフレームに飾ったらどうだろう。不思議な自然の造形を見ているうちに、そう思った。

朽ち木のフレーム

キノコを探して林道を歩いていると、道ばたに木の根や幹が重ねられて朽ちかけていた。何年か前に、林道の整備の際に伐採されたのだろう。

木の根の新しいのは、小さな根がいっぱい絡みあって、なかなか形のよさを見分けるのがむずかしいが、長い間風雨にさらされると、余計なものがとれてしまって、悟った人のような味わいがある。

そんな根の一つをフレームにしてみた。といっても、ほとんど原型のままだから、クラフトとはいえないかもしれない。

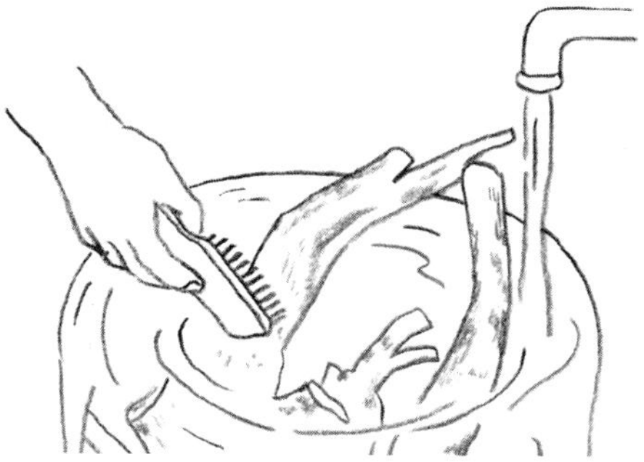

1　汚れと腐食部分をとる

水をかけながら、ワイヤーブラシでドロ、ホコリを落とす。はじめは硬めのブラシがよい。深部まで腐食部分があるときは、ドリルやディスクグラインダー（p81参照）にブラシを装着してこそぎ落とす。

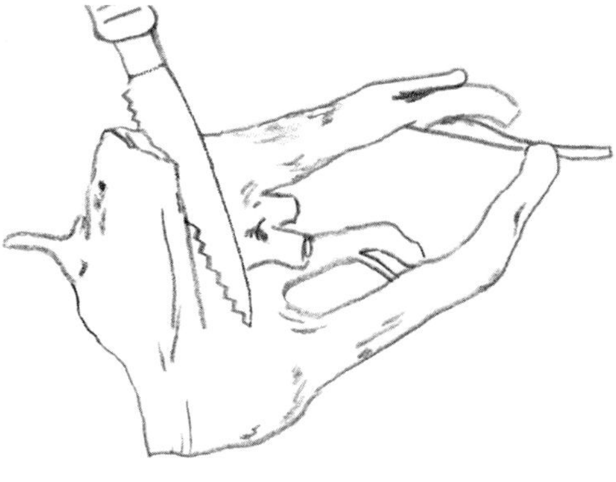

2　形を整える

余分な部分を切り取り、好みの形にする。底辺を安定させるため、ノコで水平に切る。十分な厚さがない場合は、切り取った枝などを付け足す。

（カラーp72参照）

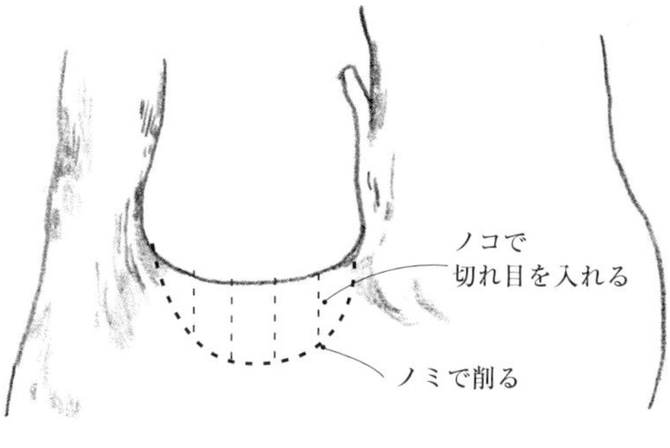

3　花器スペースをつくる

水盤、小ビンなどを組み合わせるスペース。ノコで切れ目を入れ、ノミなどで削る。自立させ、くぼみに花器を置いてできあがり。

壁かけにもなる三脚式フラワーベース

絡みあった太いフジのツルが2本あったので、これを支柱にしてフレームをつくってみた。ツルの絡みあいがなにか神秘的な気がして、ただの三脚ではもったいないと思い、壁かけにもなるようにした。

フジは乾燥するとたいへん軽いので、図体は大きいが壁にかけても大丈夫である。

（カラーp73参照）

1 左右対称の材料をそろえる

フジもこれだけ太くなると曲げることはできない。左右似たようなものを選んで支柱にする。下部も太いフジ。

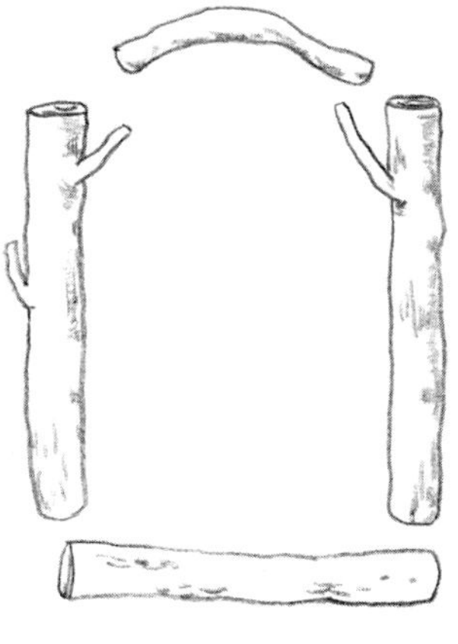

2 ふつうの木の枝でもよい

太いフジはめったに手に入らないから、ふつうの木の枝でもよい。枝を利用して左右対称をつくる。

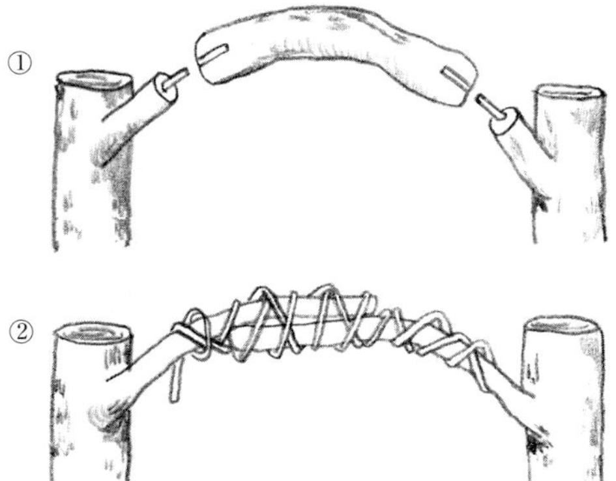

3 枝をつなぐ

接ぎ目を自然にするには①枝の双方を竹クギでとめる、②クギやネジでとめてツルを巻く。

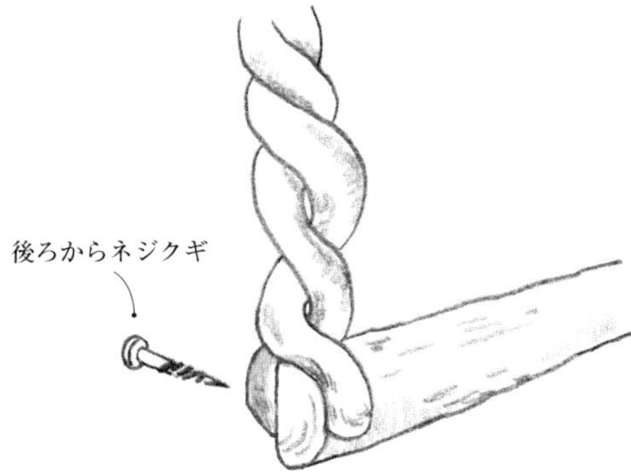

4 組み立てる

なるべく前面に断面やクギが出ないよう、後ろからネジクなどを使う。

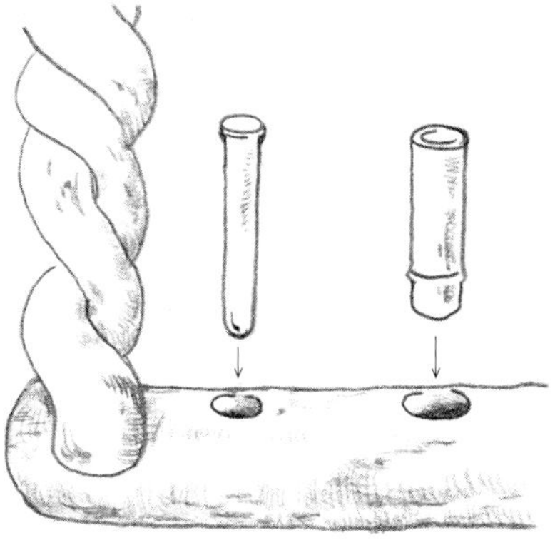

5 下部の棒に穴を彫る

壁かけにしたときに下部の棒に花を生けられるように、試験管や竹筒を入れる穴を彫る。直径10〜12mm。

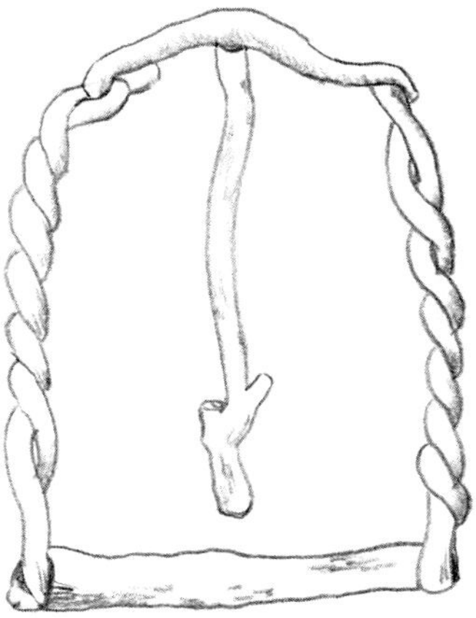

6 支え棒の長さ

壁かけにしたときに、垂直に下がってフレームの下部に当たらないように、やや短くする。

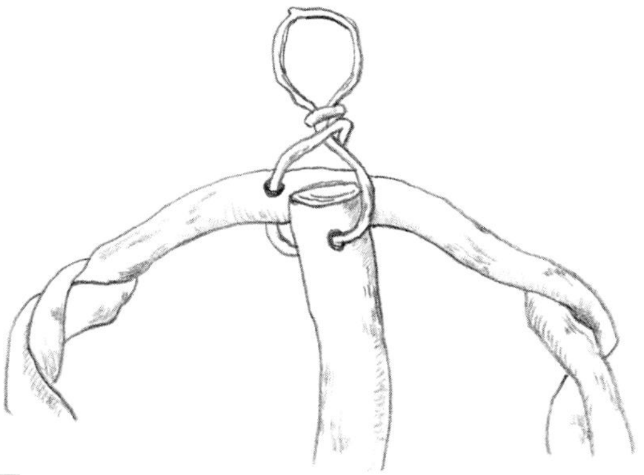

7 できあがり

上部と支え棒をツルやヒモで遊びがある程度に連結し、竹筒などをセットしてできあがり。

COLUMN

木ネジの頭を埋める

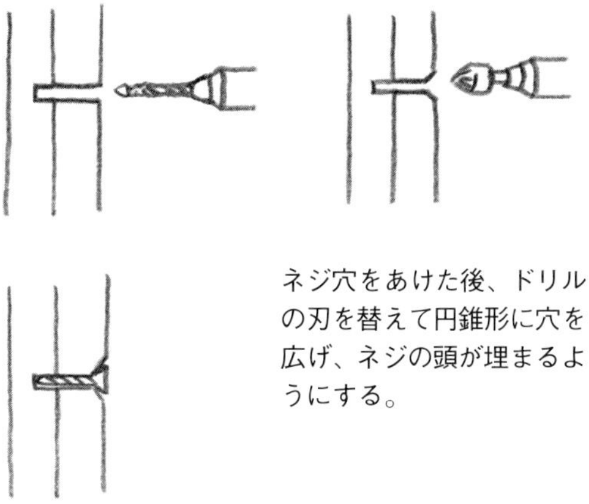

ネジ穴をあけた後、ドリルの刃を替えて円錐形に穴を広げ、ネジの頭が埋まるようにする。

フラワーベースのバリエーション

A 下部に花器を置く板を付けたもの

B 背後の板を支えにし、和紙、根、枝などを張り付けるもの

C 小枝を並べたもの

朽ち木の花器

流木や朽ち木は自然のアート、花を引き立てる名わき役だ。

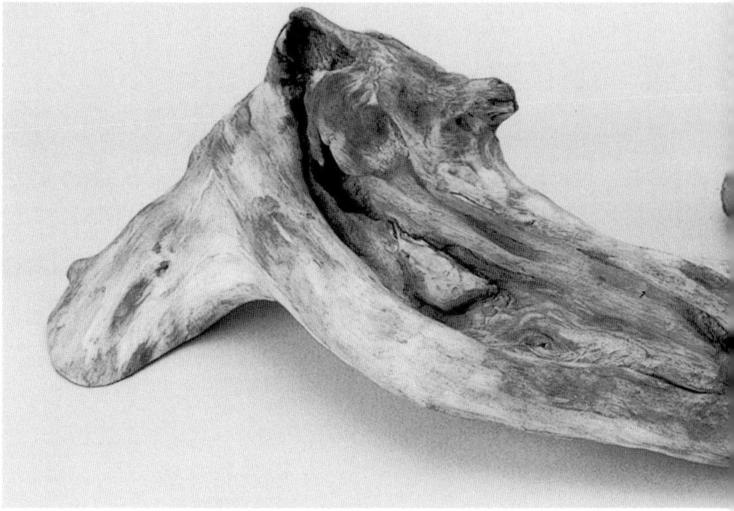

朽ち木のフラワーベース

作例の写真が、流木だったか朽ち木だったか忘れてしまったが、腐食した部分がかなりあって、それをこそぎ落とすのに苦労した記憶があるから、たぶん山で拾った朽ち木だったろう。流木は腐った部分があったとしても、たいてい水できれいに洗い落とされているから。

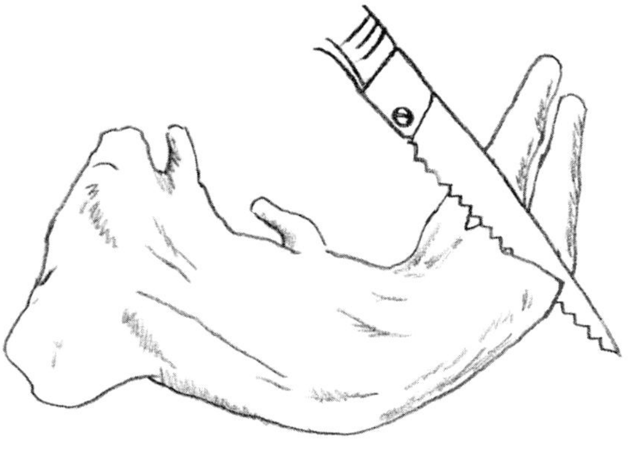

1 必要部分を切り取る

流木も朽ち木も手頃な大きさで転がっていることは少ない。持ち帰るのに都合のよい大きさにその場で切り取る。

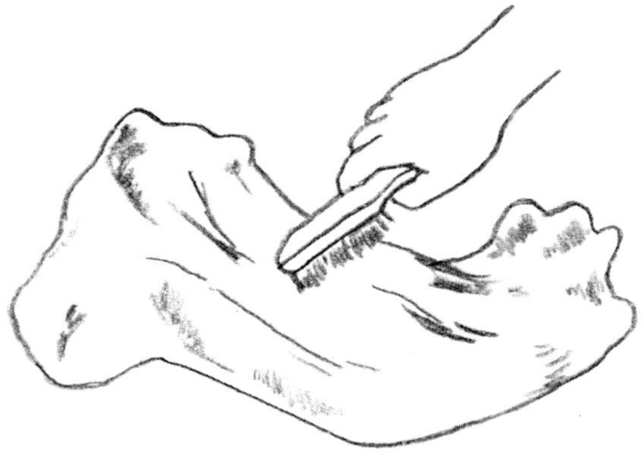

2 腐食部分を削り取る

タワシ、ワイヤーブラシでよく洗う。朽ち木ならドロや汚れ、海水につかっていた流木なら塩分が取れる。腐食部分はナイフや彫刻刀でこそぎ落とす。

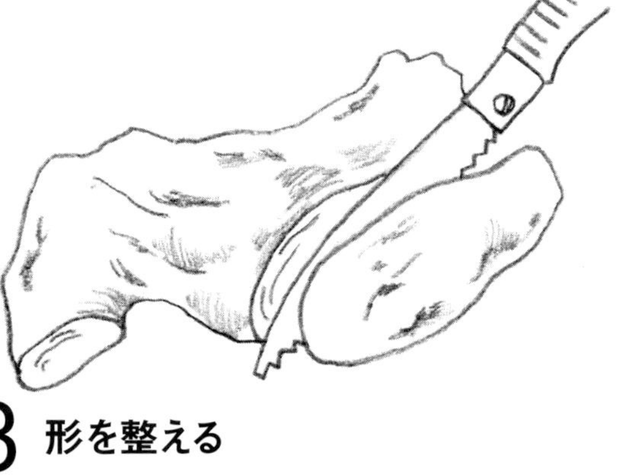

3 形を整える

見た目に不要な部分、それに置いたときに安定するように、底部を水平に切る。小型のものは万力で固定して切る。

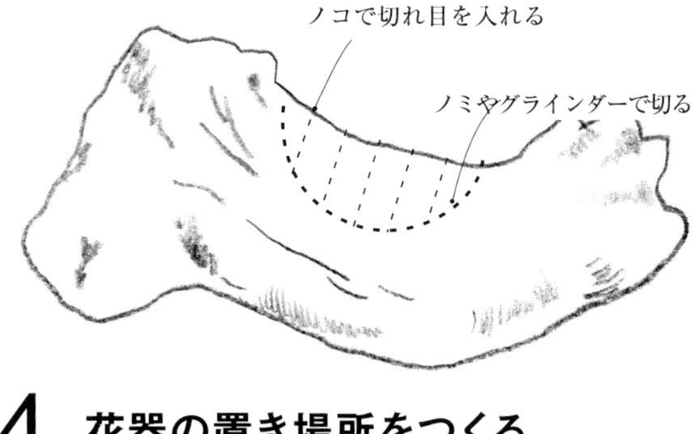
ノコで切れ目を入れる
ノミやグラインダーで切る

4 花器の置き場所をつくる

花瓶、水盤、小瓶など、花器をセットする場所をつくる。ノコで何本か切れ目を入れ、ノミで削る。

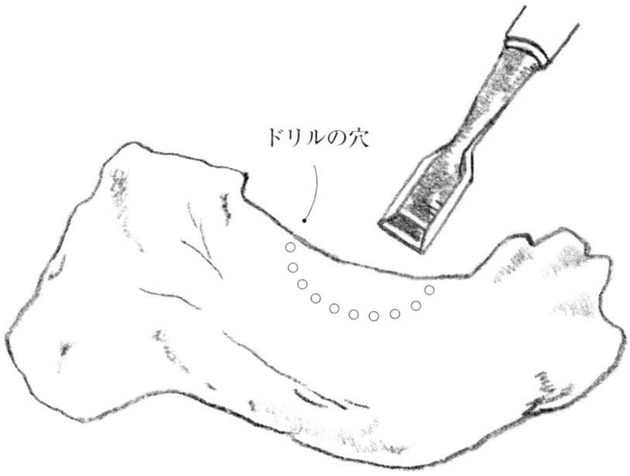

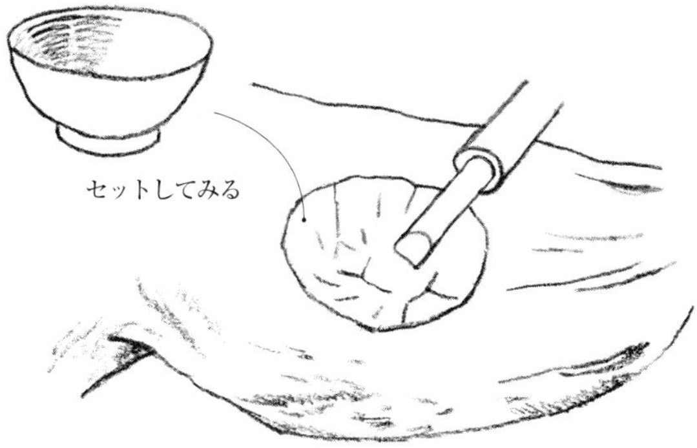

5 くぼみを彫る場合

素材の上に花器を置きたいときは、花器の大きさにくぼみを彫る。ドリルで花器の輪郭に穴を開け、ノミで彫る。

6 仕上げ

彫った跡が粗い場合、彫刻刀、木工ヤスリなどで仕上げる。しかし、全体はツルツルに磨き上げない方が、風合いがある。花瓶、水盤、抹茶茶碗、ジャムのビンなどに剣山をセットしてできあがり。

朽ち木の一輪挿し

晩秋から早春、山はいろいろな宝でいっぱいだ。草や木の葉がみんな枯れ落ちて、木やツルを探しやすい。道ばたの枯れ枝を拾ってみると、中が朽ちて空洞になっている。木は表面から風化していくものと思っていたが、これは生きていたときからウロ（空洞）になっていたのだろうか。

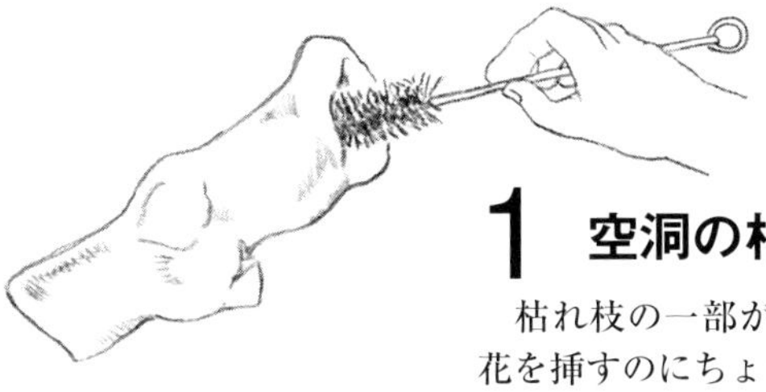

1 空洞の枯れ枝

枯れ枝の一部がが空洞で、花を挿すのにちょうどいい穴が開いていた。ワイヤーブラシで洗うとどんどん腐食部分がとれ、硬い「殻」が残った。空洞の中もワイヤーブラシで洗う。

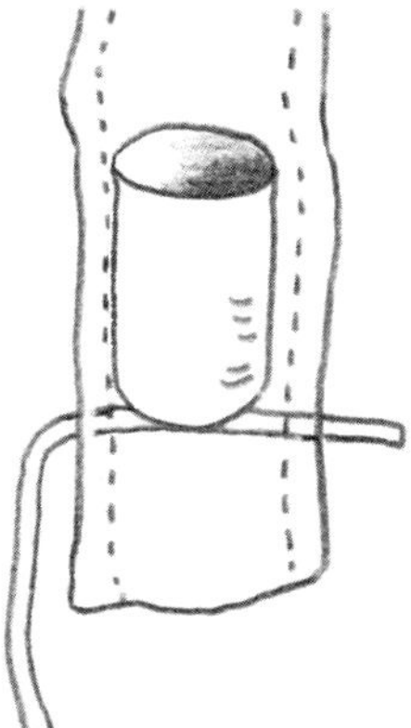

2 水入れを入れる

底がないので、フイルムケースを中に入れ、殻にツルを通して落ちないようにする。水を換えるときはツルを抜く。

クラフト雑感

「自然がアートしている」

ダ・ヴィンチ（イタリア、画家）は「自然は完璧な形で存在している」と言ったそうです。「手を加える余地がない。まねをすることはできない」というような意味でしょうか。

李朝（朝鮮最後の王朝）のちょっと歪んだ茶碗が国宝級といわれるのも、その歪みが「完璧な自然の形」を思わせるからかもしれません。

ガウディ（スペイン、建築家）の建築は、装飾にしろ構造にしろ、徹底的に自然の木や草から学びとったように思えます。

ダ・ヴィンチやガウディのような天才でなくても、自然の造形のすばらしさは、誰でも感じることでしょう。

雄大な山々、海と岩礁、岩山と紅葉のコントラスト、躍動する滝、巨木の神秘的なたたずまい、流木の不思議な形、ツルの奇怪な生命力、木の葉や貝殻の精妙な紋様、木の実や草の実の色と形……。

人智を越えた造形にふれたとき、それを永遠に自分のものにしたい、という衝動に駆られます。でも、それらはあまりに巨大かつ精妙で、人の手で保存したり復元したりはできません。

写真や絵画、あるいは音楽というのは、自然のごく一部を切りとって再現する作業でしょうか。

アメリカ・インディアンは、自然界の特別な場所は、精霊たちの憩いの場だと考たそうです。ネイチャーズ・クラフトというのは、そんな自然の一部をいただいてきて、精霊たちと一緒に遊ぶことかもしれません。

素材や作ったものをボーッと眺めていると、直径10cmほどの木の輪切りが、オーストラリアのエアーズロックのように見えることがあります。端正な小枝がスッと立っている様は、なにやら禅の境地を思わせたり、ねじれた木の膨らみが、美しい裸婦の曲線に見えることもあります。

そしてそこには、穏やかに憩う精霊たちの気配が感じられたりします。

ダ・ヴィンチではないですが、人間はやはり自然にかなわない。自然の素材で何かつくると、どこか市販の品にはないよさがでてきますが、それは自然がすでにアートしているからでしょう。

もっとも、アート（芸術）というのは人間の芸と術（わざ）による創造表現ですから、自然がアートしているという場合は、自然もそういう意志をもっていると考えなければならないですね。

WILD CRAFT

PART 3

壁を飾る

日本の住宅は、木の柱、板壁、土壁などがむき出しになっているのがふつうでした。木や板には個性的な木目があり、あちこちに節や引っ掻き傷、シミ痕があったりして、眺めていると退屈しません。

いま、大半の住まいは合理的になり、天井板も土壁も柱も隠れ、清潔感あふれた、しかし、殺風景な風景になっています。

そういう壁に何か一つ、自然のままの形を置きたいと思いました。たった１本の小枝をぶら下げるだけでも、暖かい感じの壁になります。

小枝のフレーム

フレームは日常と非日常の境。その境界を自然の小枝で仕切ってみた。

白樺のフレーム

まっすぐな白樺の枝（細い幹かもしれない）を、高原の畑の横で拾った。自然界には、直線とか真円とかはほとんどないので、こういうまっすぐな木を見つけると、なんだかうれしくなる。子どものころだったら、すぐチャンバラごっこをはじめたかもしれない。

大人だから、フレームをつくることにした。でも、微妙に曲がっていたり、太さが違っていたり、やはりまっすぐではなかった。

（カラーp76参照）

1 枠用の枝を切る

なるべく太さが均一な枝を、予定の大きさよりやや長めに切り、裏側をナイフやグラインダーで水平に削る。

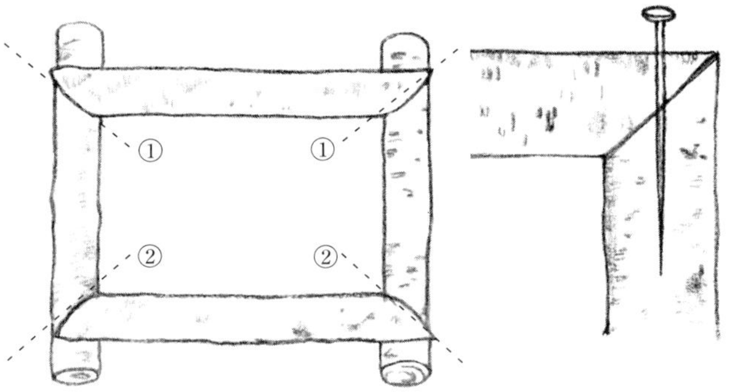

2 「とめ接ぎ」の方法

上枠の両端をノコで斜めに切り、①にあわせて両わきの上部を斜めに切って接ぐ。②同じ要領で下の木を接ぐ。太さの違いや曲がりがあるので、①の後で②を切って接ぐ。

3 「突きつけ接ぎ」

上下または左右の部材の両端を、半円にくり抜くのがやっかい。まず三角形をノコで切り取り、彫刻刀、円形の木工ヤスリなどでくり抜くとよい。

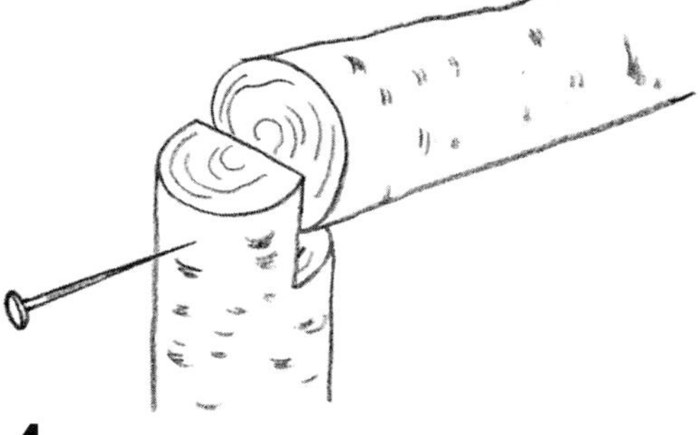

4 簡単な接ぎ方

多少見栄えは悪いが、一方の端を、接ぐ部材の太さ分をノコで切り取って接ぐ方法が簡単。樹皮つきでなければ、あとでパテを埋めて見栄えをよくすることもできる。

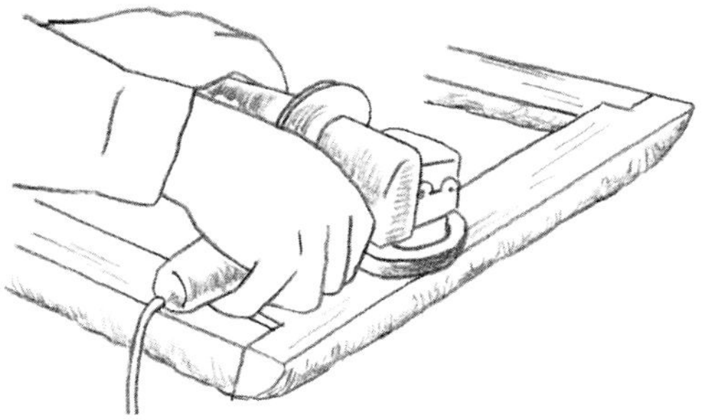

5　裏面を均等に削る

裏面は台紙をはめるところ。上下左右の枠のデコボコがないよう、カンナやナイフ、ヤスリなどで均等に削る。

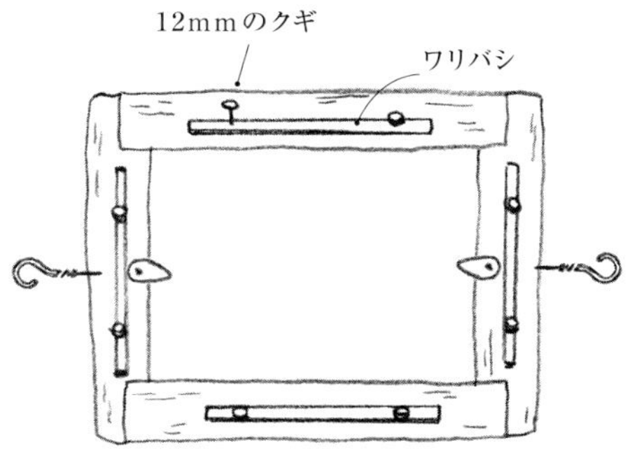

6　台紙受けをつける

裏面の削った面に長方形（紙、曲尺を使う）の線を引き、線の外側に細いまっすぐな小枝（なければ割り箸）を、クギや接着剤で張りつける。ツメは“割り箸”の上に、吊り金具（小クェッション）は“割り箸”の外側に。

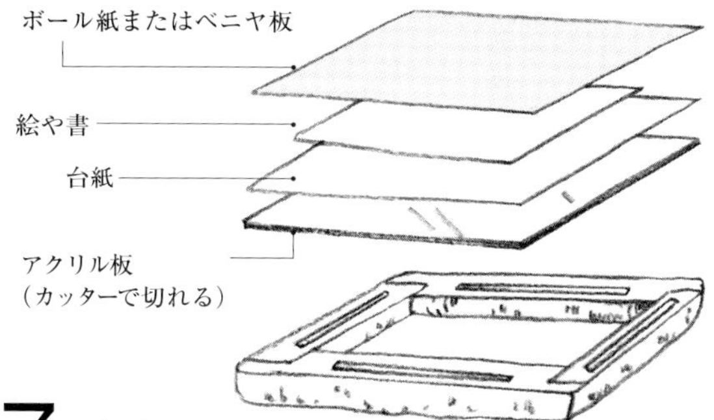

7　台紙のセット

アクリル板（1㎜）、台紙、絵や写真、硬いボール紙または薄板の順にセットする。ツメがゆるい場合は適当な紙を挟む。

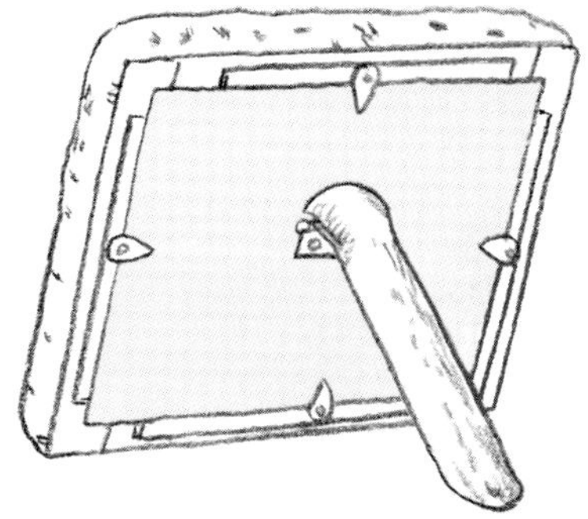

8　スタンドにするには

薄板の中央部に、チョウツガイで小枝を取りつける。

薄板を使ったいろいろなフレーム

小枝のフレームはなかなか風雅な味がある。特に書や押し花など、日本的なものにはぴったりである。

硬いボール紙や薄板で、右のような枠をつくり、そこに小枝などをあしらうといろいろなタイプのフレームができる。

薄板の枠

A 小枝を張りつけたフレーム

上の枠板を、樹皮、木肌のきれいな小枝で枠どりする。

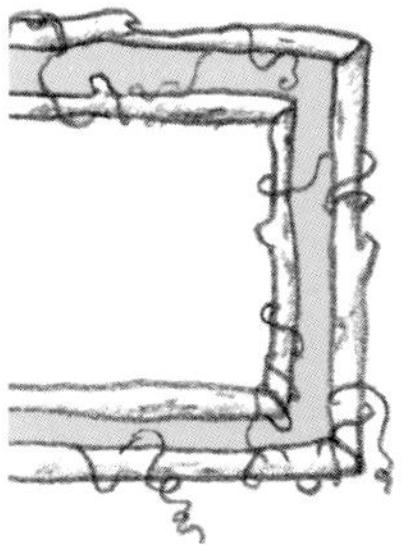

B 巻きひげのフレーム

Aの状態の2本の小枝を、ヤマブドウの巻きひげで飾る。

C 木の実のフレーム

2本の小枝の間に松笠、唐松の実などを埋め込む。

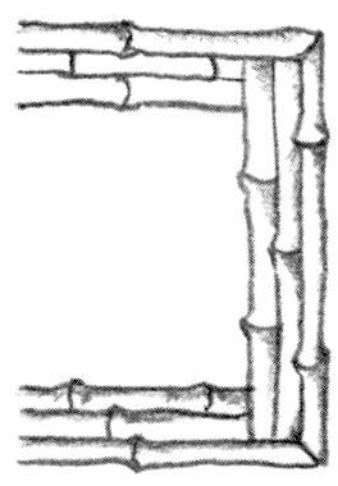

D 竹のフレーム

半分に割った黒竹にパテを詰め、薄板に張りつける。

徒長枝とツルのフレーム

まっすぐな枝は少ないが、徒長枝は別である。桜、梅、銀杏をはじめ、たいていの徒長枝は、汚れを知らない子どもみたいにまっすぐだ。

徒長枝はほとんど切られる運命にあるから、剪定されるのを見たらもらってこよう。素朴なフレームができる。

（カラーp76参照）

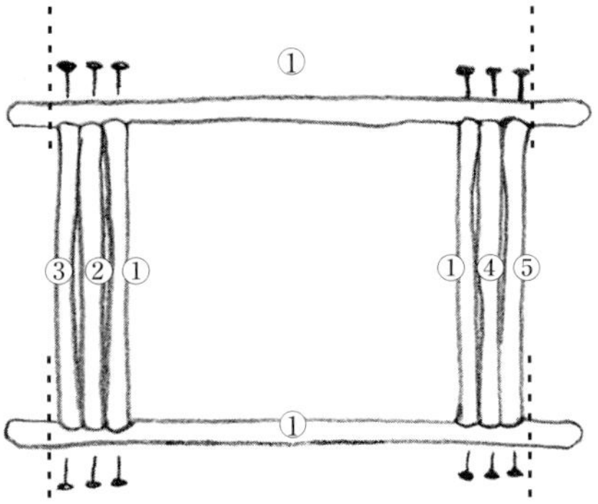

1 枠の内側をつくる

まず①の４本で好みの大きさの枠をつくる。このとき上下の①は、やや長めにしておき、③⑤が終わってから余分を切り取る。

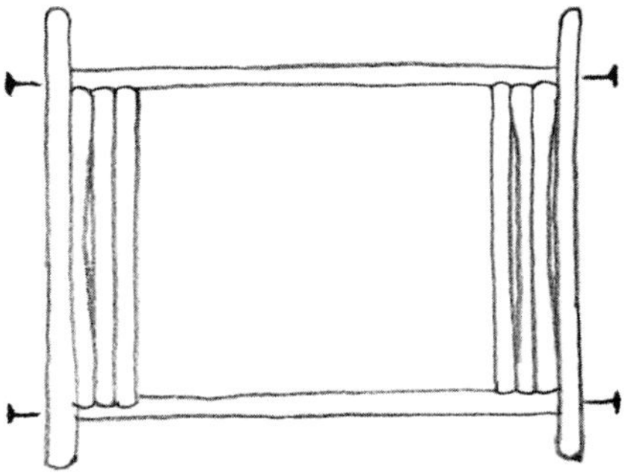

2 タテ枠をつくる

②～⑤は、あらかじめ切っておくのではなく、順次上下にあわせながら長さを決める。⑤の次に左右の外枠をつける。

3 ヨコ枠をつくる

タテ枠と同様、順次枝を並べ、余分を切り取る。

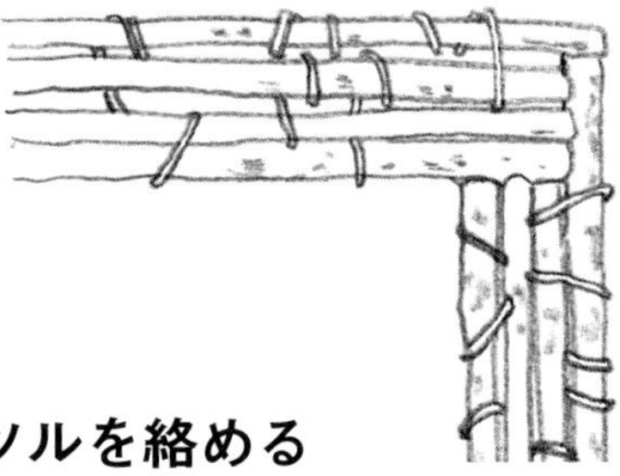

4 ツルを絡める

徒長枝といえども、芽もあり節もある。どうしてもできる隙間を利用してヤマイモなどの細いツルを絡める。装飾兼補強である。

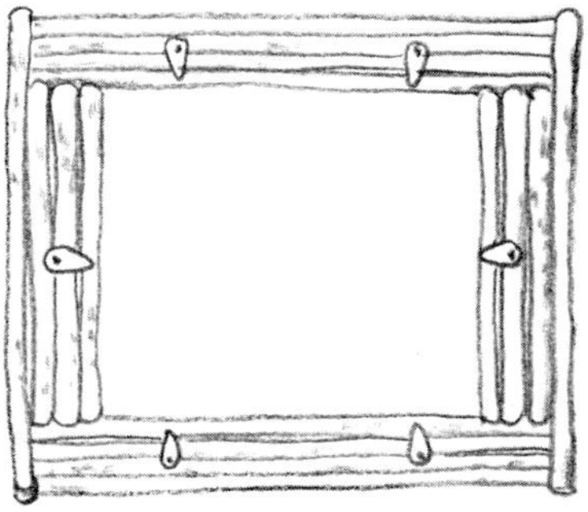

5 ツメをつける

内側から２番目の枝にツメをつける。

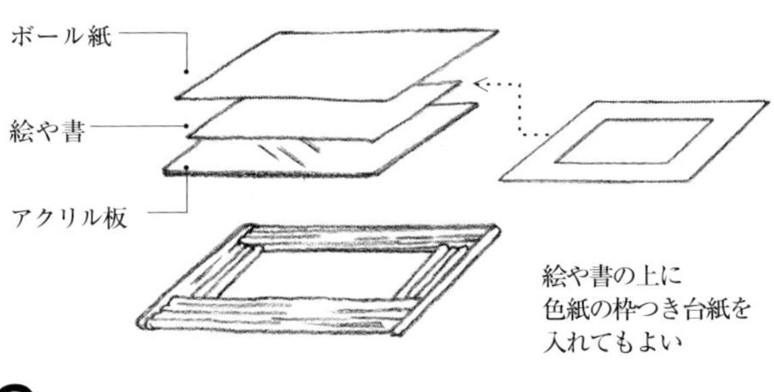

6 絵や書をセットする

枠に直接ツメをつけているので、台紙は薄目のボール紙などを使う。

気ままなリース

ツルや木の実をひとまとめにすると
自然のコーラスが聞こえてきます。

自然のままのリース

ツルを何本も巻き重ねていくと、そこから自然のコーラスが聞こえてくるような気がする。太いの細いの、素直なところ、曲がったところ、それに節や小枝などが渾然一体になって、のどかなハーモニーを生みだす。

細くて素直なヤマイモの輪は少年合唱団、白い肌のスイカズラの輪は女声コーラス、数種のツルを絡めたものは混声合唱団か。

（カラーp76参照）

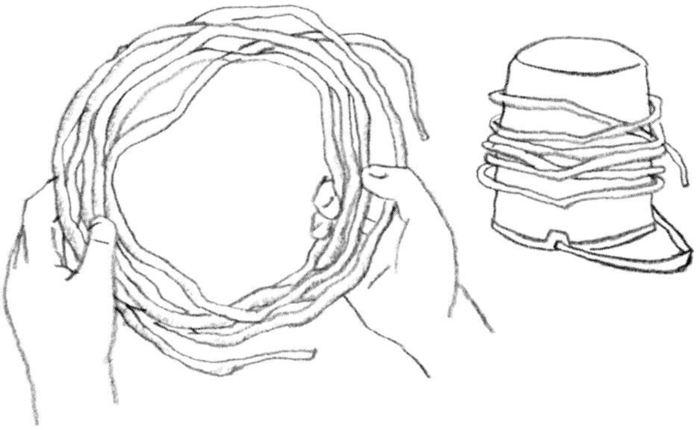

1 適当に輪をつくる

細いツルの場合は、手でまるめるだけでいい。やや太いものは絡み合わせるが、あまりきっちり編むと自然な感じがなくなる。

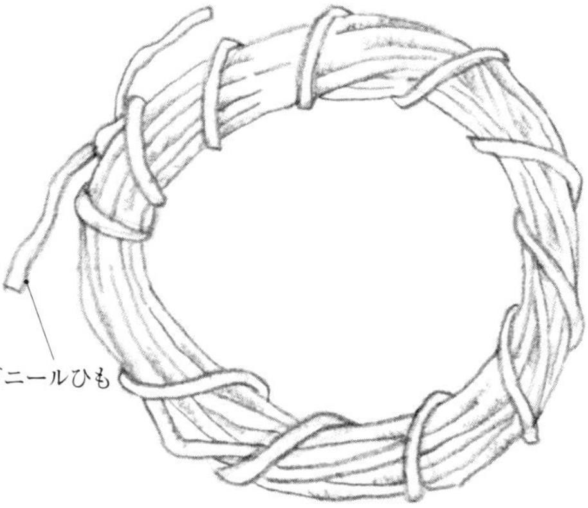

2 縛って乾燥させる

サルナシの徒長枝など、弾性が強くてまとまりにくいものは、一晩水につけて好みの大きさに縛り、4、5日乾燥させる。ヒモをほどけばリースのでき上がり。

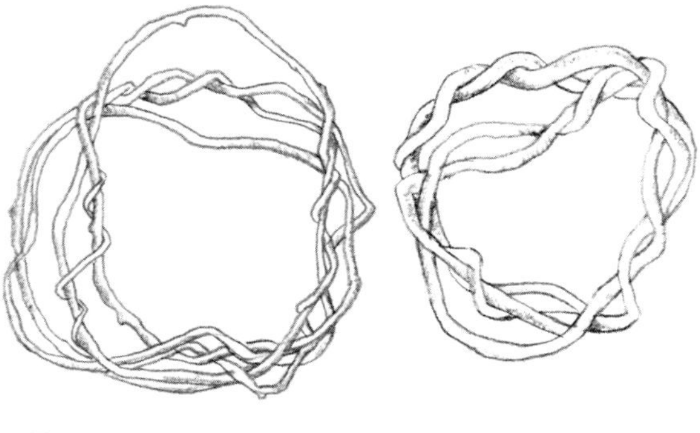

3 自然の風合いを活かす

まんまるにまとめず、自然のカーブ、クセ、枝などを、そのまま活かすのもおもしろい。

4 アクセントをつける

樹皮を編んだり、細いツルや柔らかい樹皮で鳥の巣風のものをつくってアクセントにする。

木の実のリース

「あなたは、バラさんがきれいだからバラさんが好きなのね。でも、よく見て、わたしだって……」

そんな童話のセリフを思い浮かべるほど、カラマツの松笠はきれいだ。派手な色こそないが、形は八重咲きのバラ以上に繊細で美しい。

カラマツばかりでなく、どんな木の実も草の実も、不思議で美しい形をしている。これは木の実たちのコーラス。

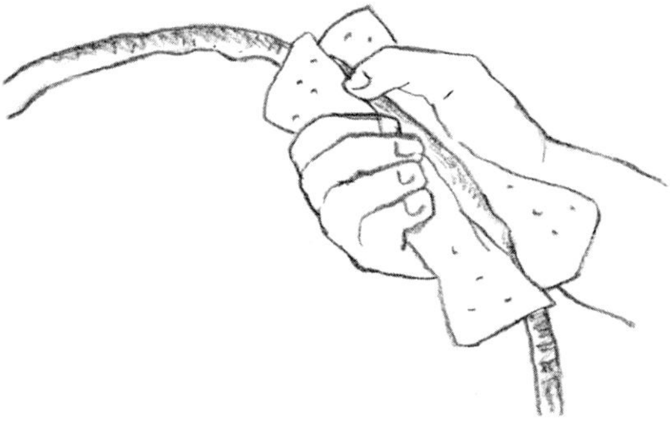

1 ベースの準備

ツルは一晩水につけ、雑巾などでしごくようにして汚れや樹皮をできるだけ取る（接着しやすくするため）。

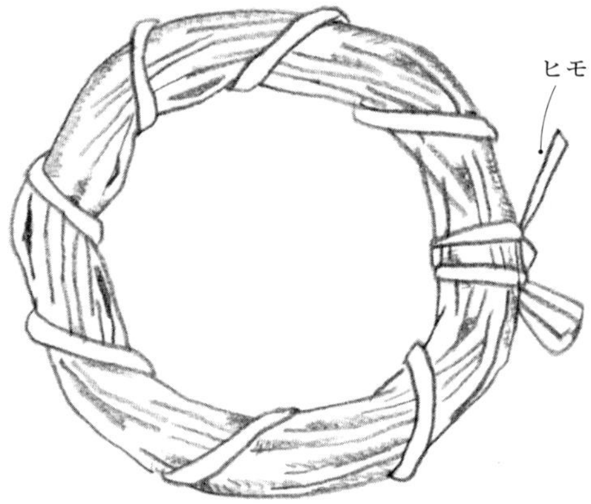

2 よく乾燥させる

好みの大きさ、太さにまとめ、ヒモで縛って4、5日乾燥させる。ベースはやや緻密に巻いたほうが接着剤を使いやすい。

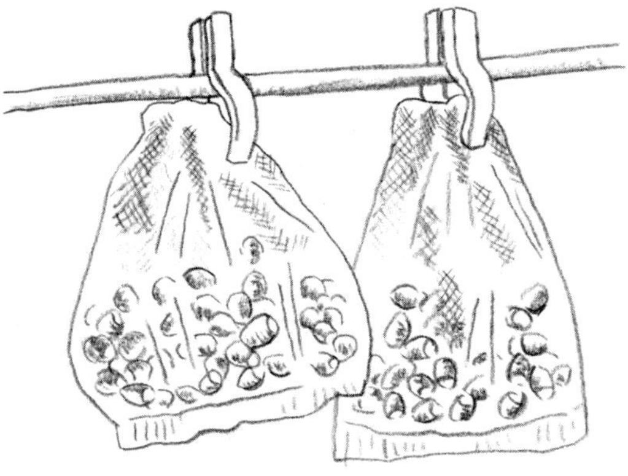

3 木の実の乾燥

種類別にネット（排水口ネットなど）に入れ、風通しのよいところでよく乾燥させる。

4 木の実の準備

ボール箱を小分けして、種類別に木の実を分けておくと便利。

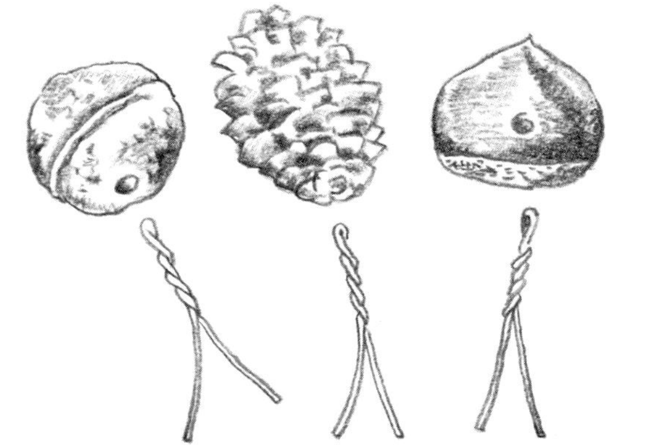

5 大きい木の実の接着方法

重みのある実は、ドリルで穴を開けて細い針金を入れて接着。その針金をベースに絡ませる。

6 まず大きいものから

クルミ、マツボックリなど、大きめのものを好みの位置に取りつける。等間隔に置くと安定感がでる。

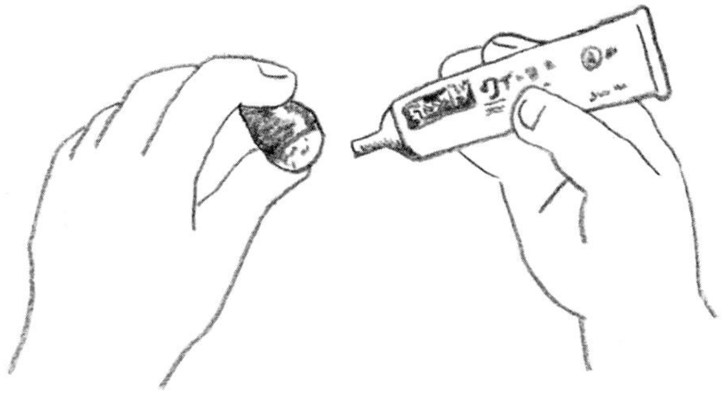

7 軽いものは接着剤で

カラマツの実やドングリなど、軽いものは一部に直接接着剤をつけ、ベースに接着する。

8 隙間を埋める

小さな隙間がある場合は、小粒のドングリ、半分に切ったカラマツの実などを押し込むように接着する。

COLUMN

リースづくりに適した接着剤

エポキシ系（2液性）接着剤

A、B 2つの溶剤を、直前に混合して使う強力な接着剤。混合の手間と固着までやや時間がかかるのが難点。

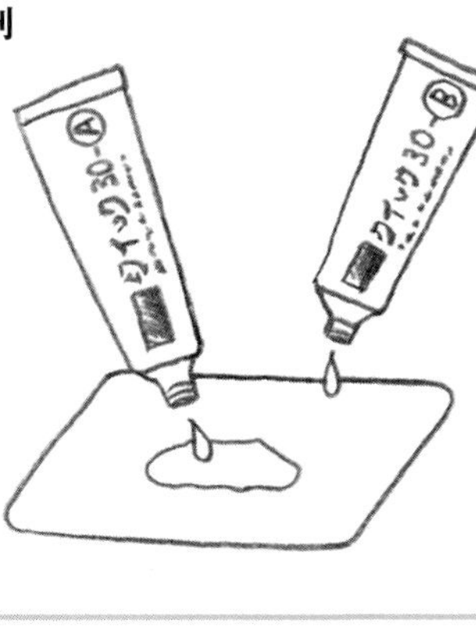

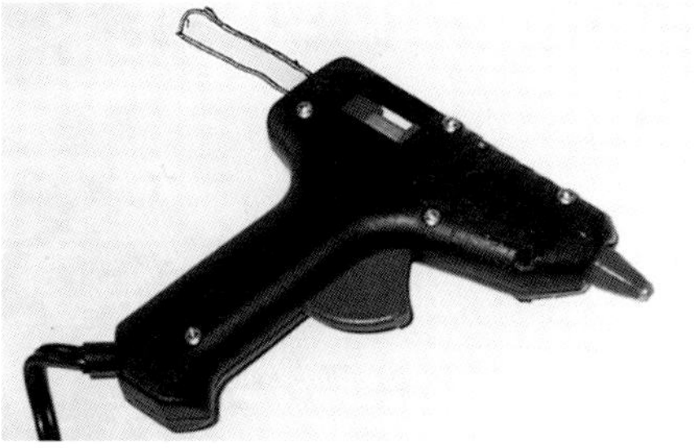

接着ガン

装着したプラスチックのスティックを電熱で溶かして接着する。常温で固まるプラスチックなのですぐ固着する。

ドリーム・キャッチャー

ヤマブドウの巻きひげの奇妙な形。自然の生命力が、ちょっと怖いぐらいに伝わってくる。

巻ひげの神秘

ドリーム・キャッチャーは北米インディアンのおまじない。これをベッドの上にぶら下げておくと、いい夢をみるという。

本物は蜘蛛の巣状の部分を動物の腱で編むが、日本では手に入れにくい。

蜘蛛の糸というのも十分に神秘的だが、ツルの巻きひげもなかなか神秘的だ。ツルはこれを他のものにしっかり巻きつけて伸びていく。たぶんいい夢をしっかり捕まえてくれることだろう。

（カラーp76参照）

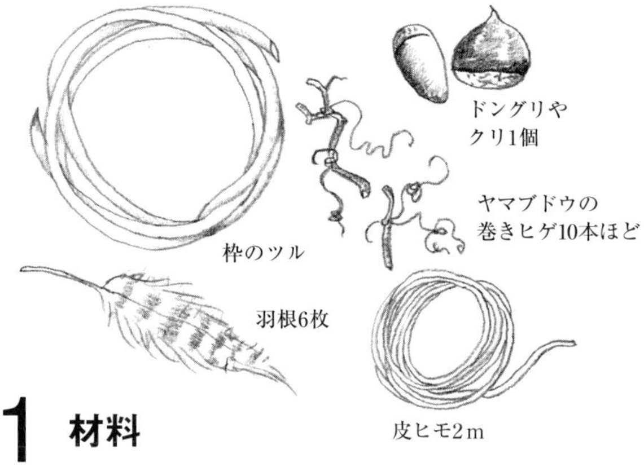

1 材料

枠のツルはスイカズラが白くて最適（直径5～7mm）。ただし、乾燥したものは折れやすいので採りたてを輪にする。羽は釣具店、皮ヒモはクラフト材料店で。

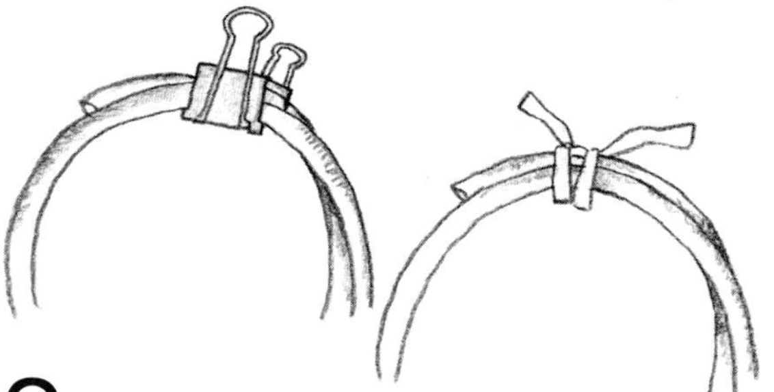

2 枠をつくる

ツルは一晩水につけ、予定よりやや小さく円をつくって、ヒモやクリップで固定して乾燥させる。

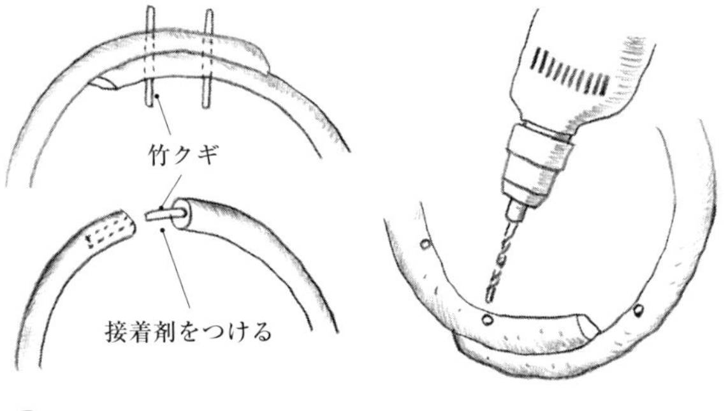

3 枠をつくり内側に穴を開ける

枠は、穴に合わせた竹クギで接着剤とともに固定、一晩おく。巻きひげの接着用穴は、はじめはキリで小さな穴を開け、ドリルで深さ数mmの穴にする。

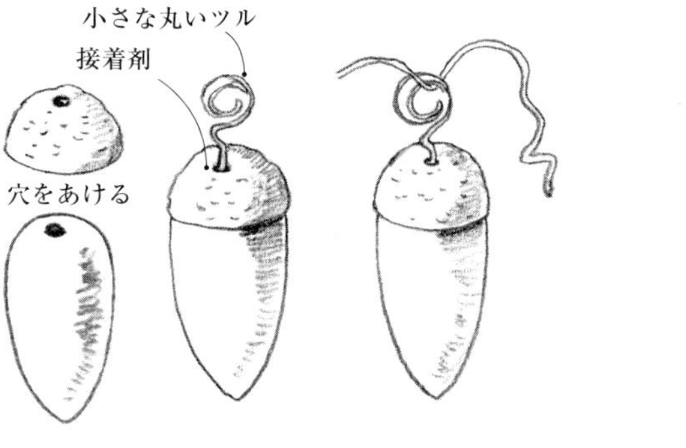

4 巻きひげに実をつける

ドングリの帽子に巻きひげの小さな輪を接着、ドングリと帽子を接着する。実に直接穴をあけて巻きひげを通してもよい。

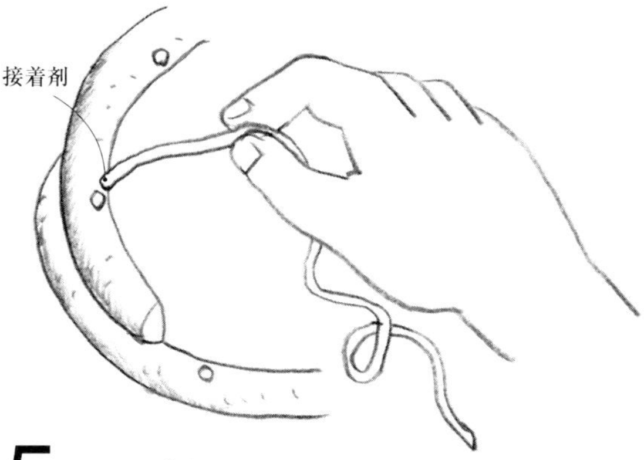

5　ひげを絡ませる

巻きひげをいくつか絡ませながら、枠に順次接着していく。接着面が小さいので、2 液性（p41参照）の強力接着剤を使う。

6　皮ヒモに羽をつける

皮ヒモ（薄いスウェード）に木工ボンドをつけ、2 枚の羽の根元をとじる。

7　皮ヒモを下げる

枠の左右と下の 3 カ所に皮ヒモ、羽を結びつける。羽、皮ヒモが小さな風でも揺れるようにするのがコツ。

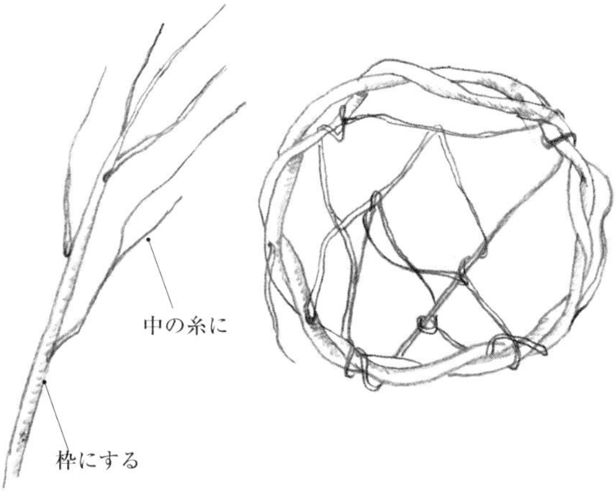

8　細い小枝のあるツルで

アケビ、スイカズラなど、先端のほうで細いツルが枝分かれしているものがある。これを巻きひげの代わりに網のように編んでもよい。

COLUMN

インディアンの言い伝え

ドリーム・キャッチャーはいい夢だけを捕まえ、悪い夢は素どおりさせてしまうものだが、インディアンにはもう一つおまじないがあった。

夜になると、子どもたちは魔物がやってくるのが怖くて眠れなかった。それで白樺の表皮（紙より薄くはがれる）を細いヒモで結んで、ティピー（テント）の入り口にぶら下げた。羽のように軽い白樺の皮は、わずかな空気の流れにも揺れて動くので、魔物は用心して入ってこないのである。

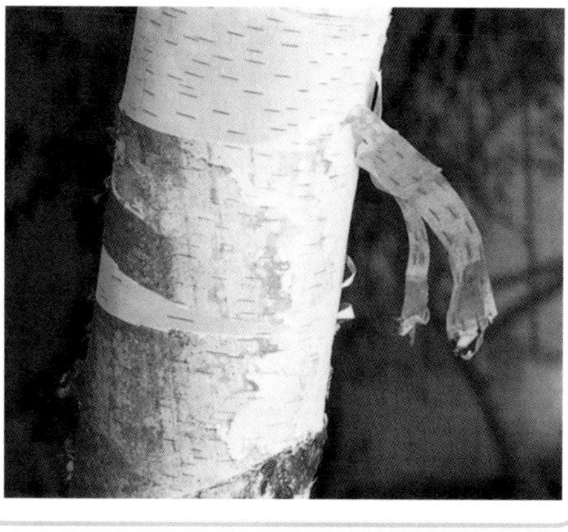

クラフト雑感

「直線と真円」

欧米の人は、リースの円は生活のサイクルを象徴するもので、永遠のシンボルであるといいます。禅のお坊さんも一筆書きで円を描きますが、これは悟りを示すものだそうです。アメリカ・インディアンも、円に対する独特の信仰をもっていました。

「天は丸く、太陽も月も星も丸く、地球も丸い。風も最高潮に達すると丸く渦を巻く。鳥たちも円く巣を作り、季節も人生も大きな円を描いてめぐる」

そういえば円満、円熟、円滑など、私たちの言葉も円に対しては悪いイメージはもっていないようです。

余談はさておき、「エンは異なもの味なもの」、リースにしろドリームキャッチャーにしろ、はたまたランプのシェードにしろ、ツルで円をつくろうとしても、なかなかまんまるの円ができません。

たとえば、シェードといえばまんまる（あるいは等辺何角形か）に相場が決まっていますから、はじめはできるだけ真円の枠をつくろうと苦労しました。

でも、野生のツルは、一見まっすぐなように見えても、曲がっていたり、ねじれていたりで、なかなかむずかしい。細いツルを何重かに編めば真円に近くなりますが、枠があまり太くなるのもシャクです。

そんなことをくり返しているうちに、ふと思いました。

「歪んでたって、曲がってたっていいじゃないか。自然がそう望んでいるんだから」と。

どうも私たちは、直線とか真円、垂直とか水平といったことに慣らされ過ぎているのではないでしょうか。あらためて身のまわりをみれば、たいていのものが水平、垂直、直線、真円でできています。人生なんかも、まっすぐ学校を出てまっすぐ仕事に就き、円満に仕事と家庭を営むのがよいとされるようです。

でも、本当にそうでしょうか。自然には水平、垂直、直線、真円といったものはほとんどありませんから、それをまっすぐにするには、無理に蒸気で蒸したり加熱したりしなければならないし、人だって一生をまっすぐ生きようとすれば、そうとう無理をしなければならないと思います。

それに直線とか真円、垂直とか水平といったことは、工場で大量生産するには大切ですが、一つ一つ個性的なものをつくるときは、あまり気にしなくていいことです。

ですからランプにしろドリームキャッチャーにしろ、少々歪んでいても垂直でなくてもいいのだと思います。

ツルの歪みや曲がりが、かえっておもしろい味をだすこともあります。禅僧がバーッと一気に描く円相のように、いろいろな円があっていいのでしょう。

灯りを楽しむ

樹皮のついた曲がり枝のデスクランプ

樹皮つきのベースに太めのフジを2重にしたフレームを使用。シェードは和紙。

ねじれ木のデスクランプ（右）
流木のデスクランプ（左）

シェードはアケビの枠に、半透明の洋紙を皮ヒモで綴じている。

（p61参照）

美濃紙のデスクランプ

シェードの和紙は厚めの美濃紙。漉（す）き込んだ葉の色は赤系は長持ちするが、グリーン系は１年ほどで色があせる。

ねじれ木のデスクランプ

支柱の荒々しい樹皮にあわせて、ベースも樹皮つきのケヤキの枝を使用。丸みをおびたサルナシの徒長枝をスポークにしている。

根の広がりを利用した壁かけランプ

バランスをとるために下部に幹の輪切りを取りつけ、調光器をセットしている。(p57参照)

シェードと台のバリエーション

ツルと和紙、洋紙と皮ヒモのフレーム　フレームと用紙の組み合わせで雰囲気が変わる。

支柱とベース　支柱の形態や印象にあわせてベースを選ぶ。

ツルのボールランプ

このままで光と影を楽しめるが、内側から和紙を張ってもよい。(p63参照)

アップライト付きフロアランプ

二またの枝に20cmほどの別の枝を接ぎ足して、アップライトをのせた。

枝のベースのフロアランプ

支柱の根を活かすために、ベースにケヤキの枝を使用。

光と影を楽しむ
ススキのフロアランプ

(p27参照)

松のコブのアロマ・
キャンドルスタンド

(p67参照)

根を逆さまに立てたキャンドルスタンド

（p64参照）

松の小枝のミニ・キャンドルスタンド

（p66参照）

松の枝のキャンドルスタンド

（p65参照）

WILD CRAFT

PART 4

灯りをつくる

フキノトウを探していて、二またに分かれた一方の枝が、ツルに絡まれて枯れているのを見つけました。

ツルはギリギリと枝に食い込み、何年かの死闘の後に、枝が敗れ去ったのでしょう。自然界の壮絶な争いですが、ツルにも枝にもみごとな生命力を見るような気がしました。

ツルが刻んだ溝は深く、ねじれに沿ってコードを巻けばランプになるではないか。そう思ったのがランプづくりのきっかけでした。

でも、別にねじれた木でなくても、なんとなく心惹かれる枝なら、どんな枝でもよいことに気がつきました。

1 (ランプの本体をつくる)

ランプの構造

スタンド型のランプは、本体とシェードからできている。全部つくるのがたいへんなら、本体だけつくってシェードは持ち合わせのものを使うとか、逆にシェードだけつくって雰囲気を変えてみるのもいい。

灯りをつけて、支柱のねじれやくびれ、シェードのツルのうねりなどをじっと眺めていると、いったいこんな造形を思いついたのは何者だろうかと思ってしまう。

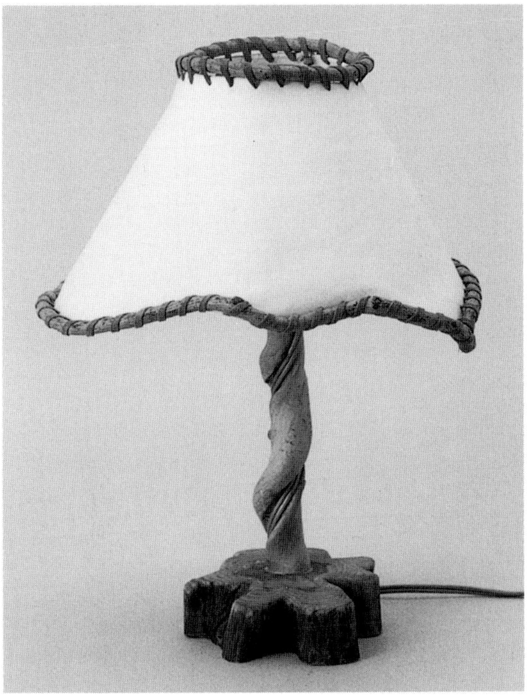

(カラーp45参照)

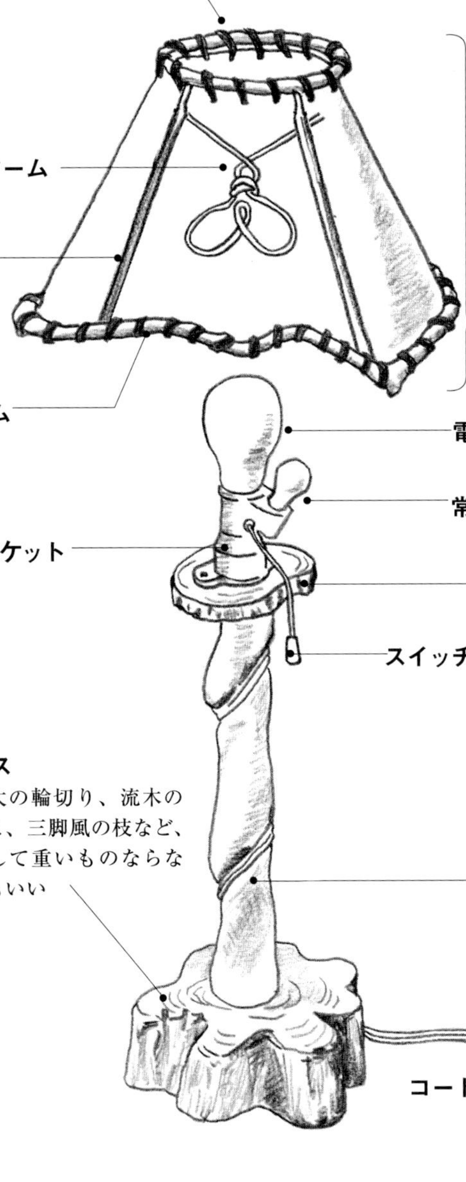

丸太の輪切り、流木の根っこ、三脚風の枝など、安定して重いものならなんでもいい

ツルが絡まったねじれの跡に、ツルの代わりにコードを巻くと自然な形のランプができる。でも、ふつうの枝でも流木でも、それぞれ個性があっておもしろい

支柱とベース

散歩、ドライブ、山菜採りやキノコ狩り……。そんなついでに心ひかれる枝や根っこを見かけたら、ぜひ拾っておきたい。

支柱とベースの組み合わせは、できれば似通ったもののほうがいい。改めて探すとなるとたいへんだから、ふだんからいろいろなものを集めておきたい。

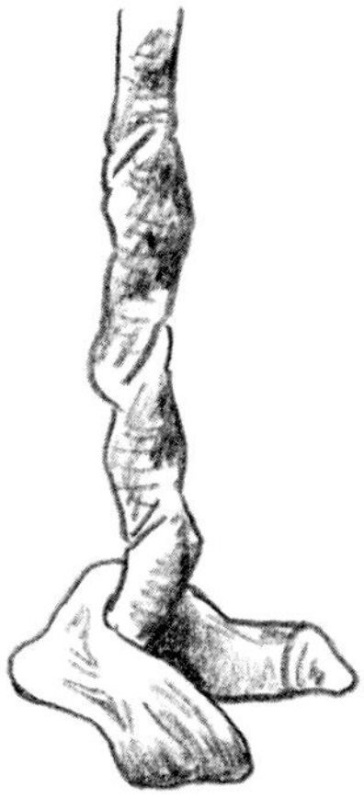

樹皮つきの支柱には、樹皮つきのベースを工夫したい

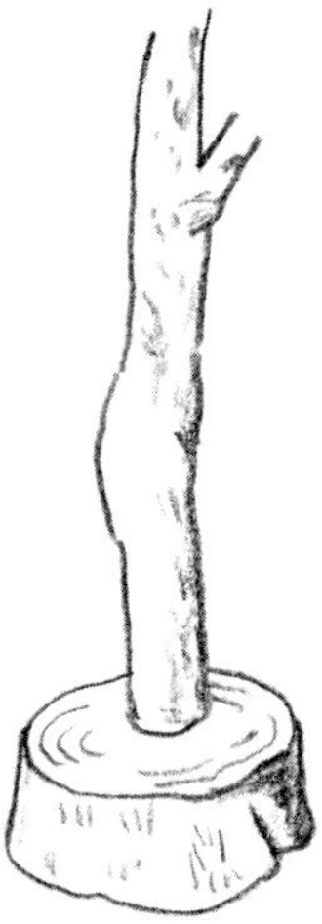

なめらかな流木には、なめらかな質感のものを

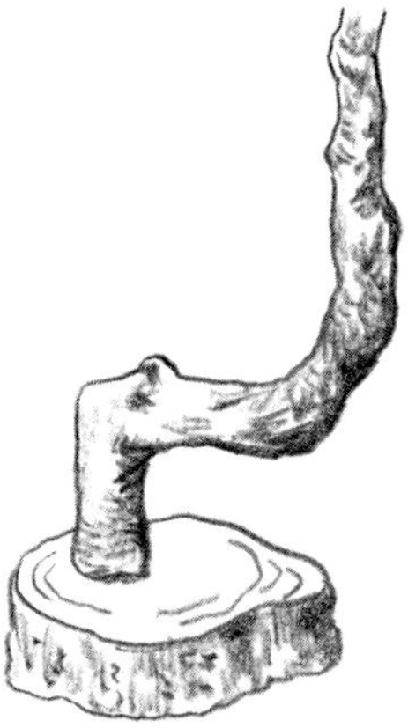

安定感が大切。ときには支柱の位置をずらすことも

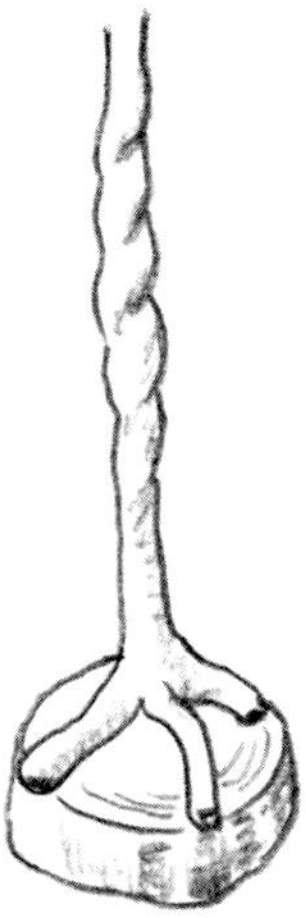

根のついた倒木などは、根の形を生かすとおもしろい

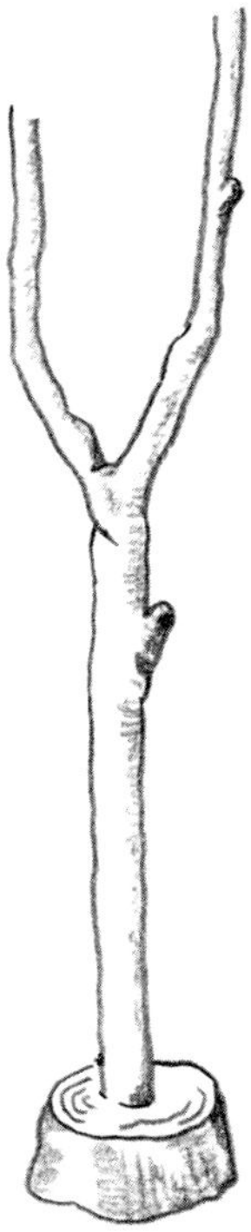

高いすっきりした枝には、太い幹の輪切りが似合う

支柱の立て方

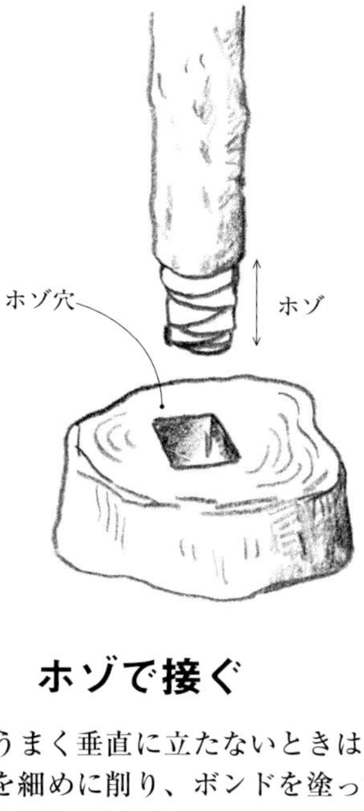

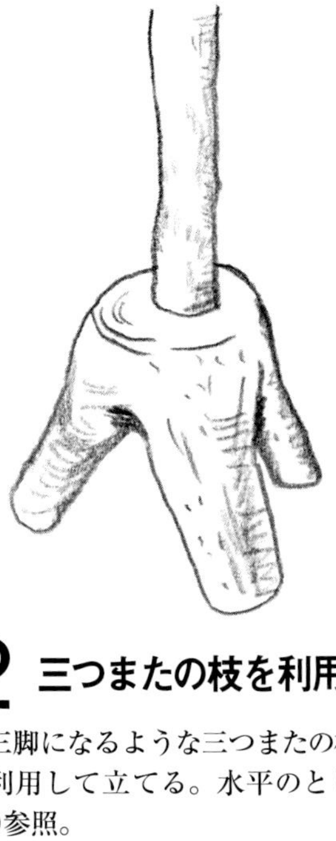

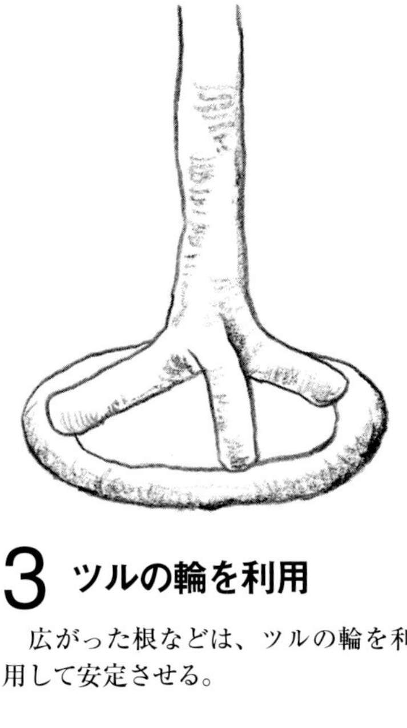

1 ホゾで接ぐ

うまく垂直に立たないときは、ホゾを細めに削り、ボンドを塗った布を巻いて押し込む。

2 三つまたの枝を利用する

三脚になるような三つまたの枝や根を利用して立てる。水平のとり方はp79参照。

3 ツルの輪を利用

広がった根などは、ツルの輪を利用して安定させる。

本体を組み立てる

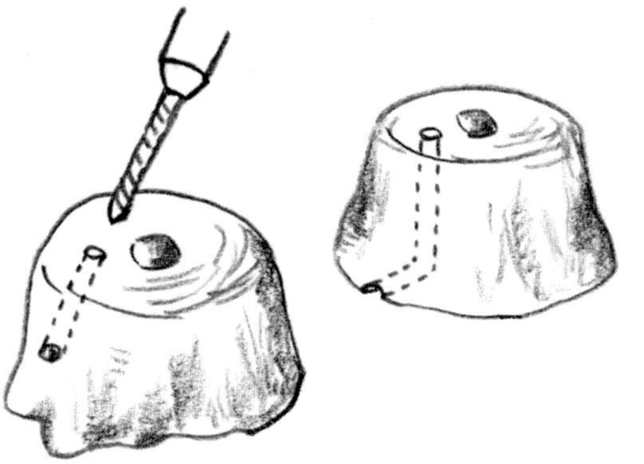

1 ベースの加工

支柱を立てるホゾ穴とコードを通す穴を開ける。コードの穴は直径5、6mm。ドリルで斜めに貫通できないときは、垂直に開けて底部に溝を彫る。

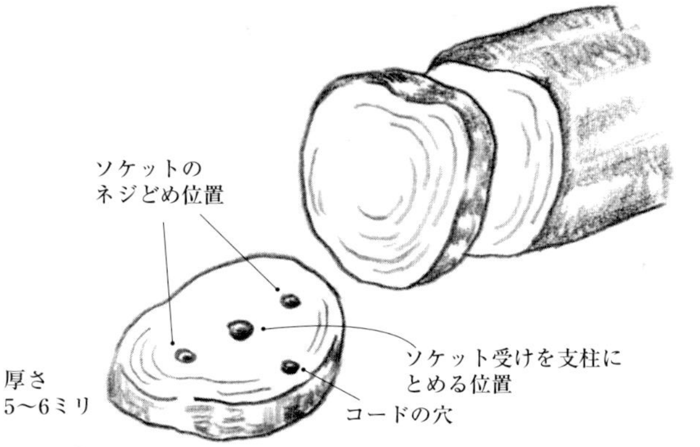

2 ソケット受けをつくる

なかなか均等な厚さに切れないが、多少斜めになっても気にしない。支柱との組み合わせで調整できる。

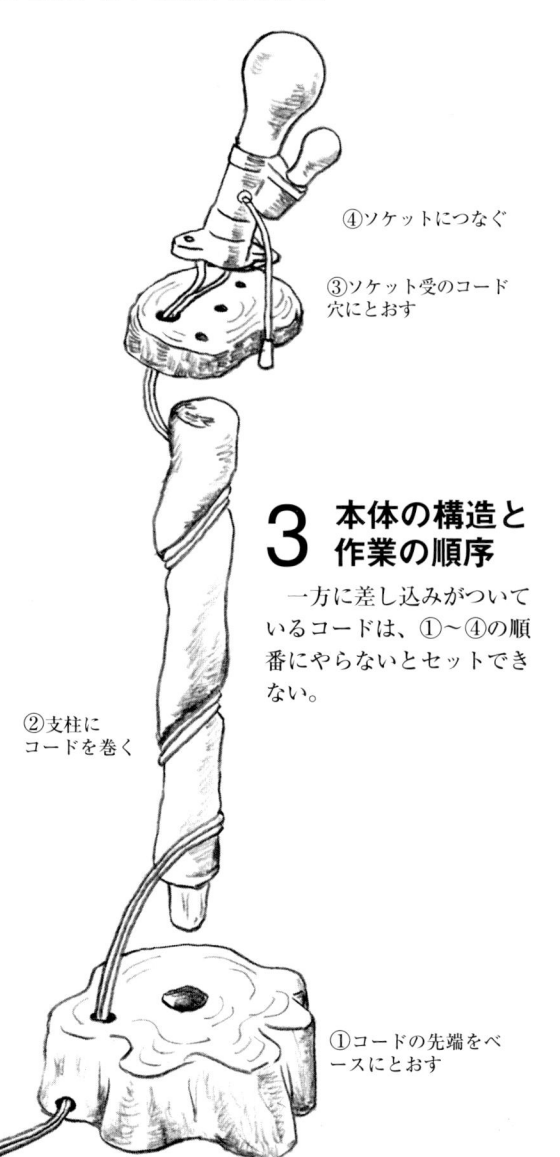

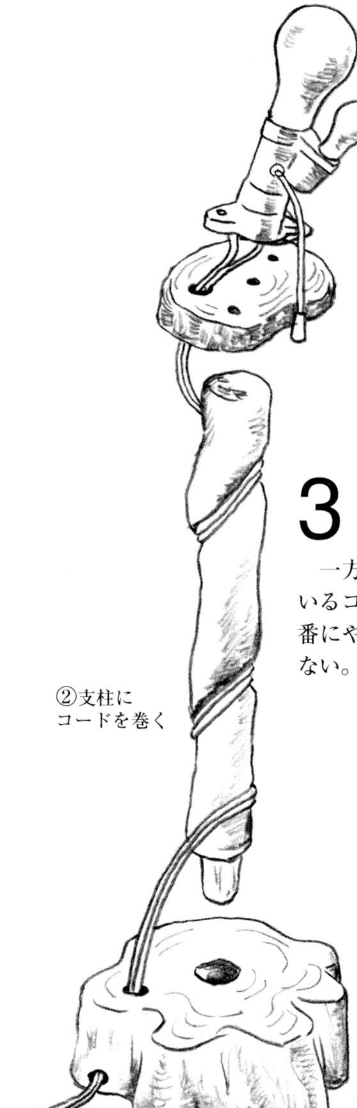

3 本体の構造と作業の順序

一方に差し込みがついているコードは、①〜④の順番にやらないとセットできない。

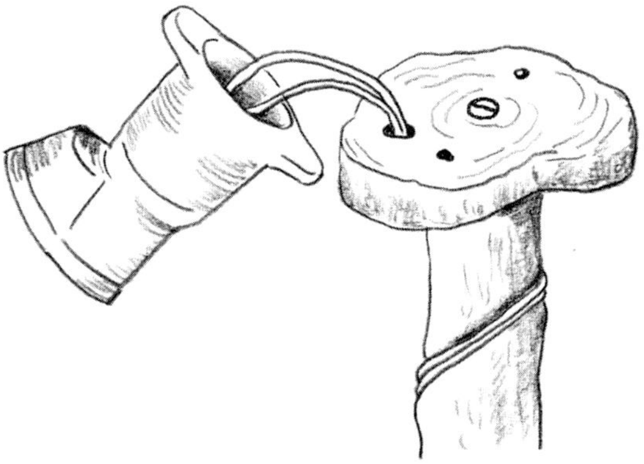

4 ソケット受けを固定する

ソケット受けを木ネジ（16〜20mm）で支柱に固定する。できるだけソケット取りつけ面が水平になるように。

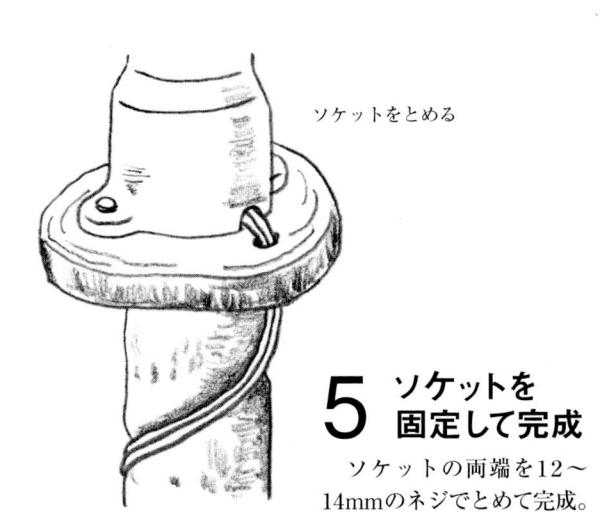

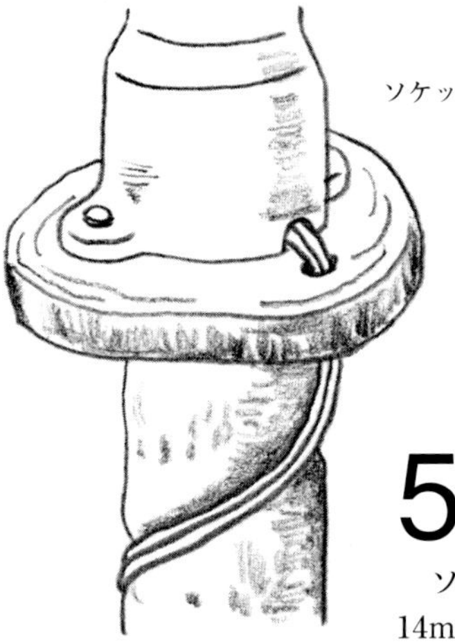

5 ソケットを固定して完成

ソケットの両端を12〜14mmのネジでとめて完成。

壁かけランプ（多灯型ランプ）

多灯型の壁かけランプも、作り方はスタンドの本体と同じ。ただ、配線を間違えないように。

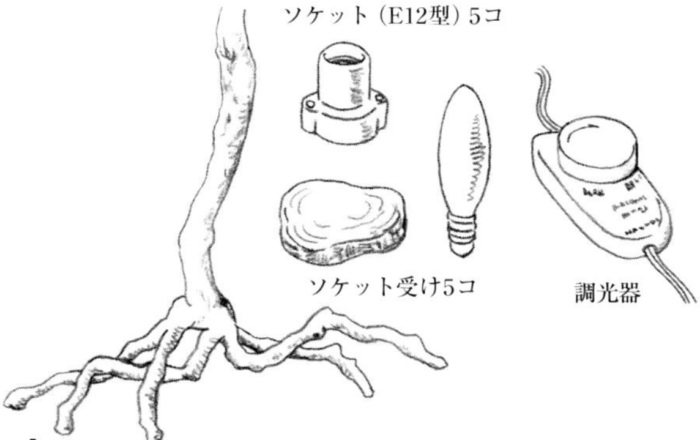

（カラーp47参照）

1 材料

本体は根でなくても、張りだした枝でもいい。ソケットが小さいので、受け皿は長径5cmほどあればよい。

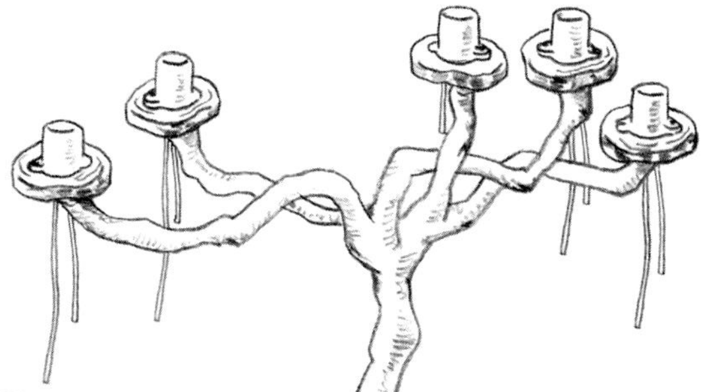

2 ソケットを枝先につける

ソケットを受け皿につけ、枝先につける。枝の先端が細い場合は接着剤も使う。

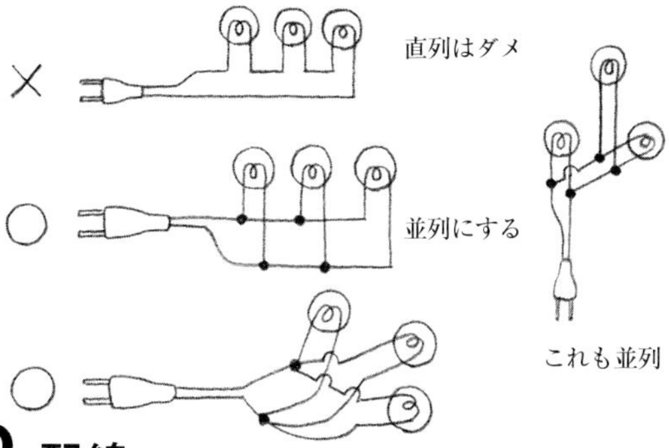

3 配線

直列では電圧が上がって電球が切れる。並列にすればいくつつけても電球は切れない。

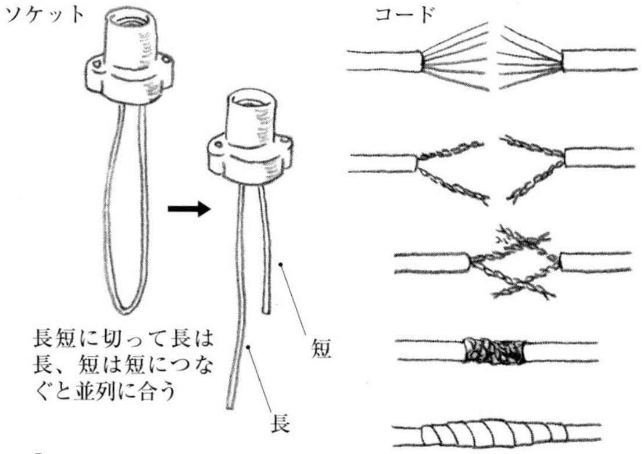

4 コードのつなぎ方

E12ソケットのコードは輪のまま市販されていることが多い。長短に切って、長は長、短は短につなげば並列に。

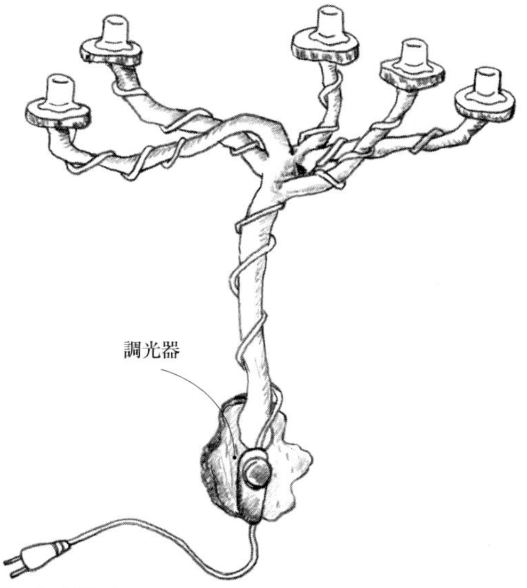

5 調光器をつける

壁に掛けて安定するように、下部に木の板のオモリをつけ、そこに調光器をセットする。

2 いろいろなシェード

フレームをつくる

シェードの上下の枠によって、できあがったときの雰囲気が大きく変わる。好みによって太めのツルにしたり細いツルを巻き重ねたりする。

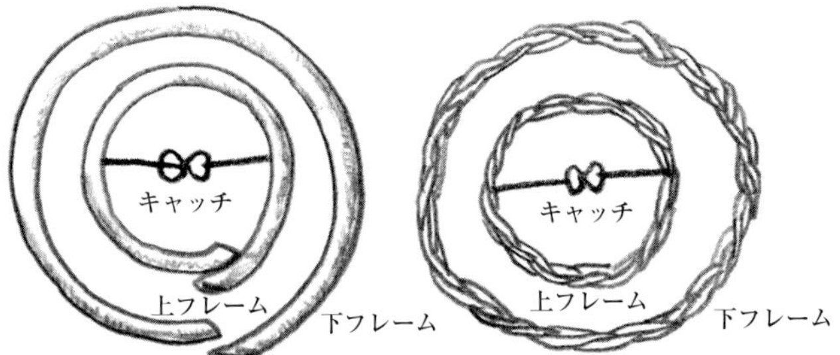

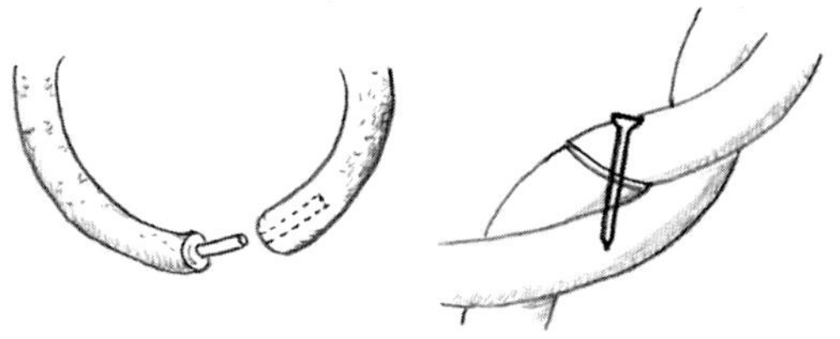

1 上下のフレームをつくる

太めのツルは1、2本、細いツルは巻き重ねる。上フレームには次の「キャッチ」を取りつける。

2 太めのツルの止め方

1本のときは両端を竹クギと接着剤で。2本のときは斜めに切り合わせてクギでとめる。

キャッチをつくる

シェードを支える方法はいろいろあるが、下のキャッチ式がシェードの角度を自由に変えることができて便利。市販品もあるが、枠の大きさが自由にならないので自分でつくってみよう。

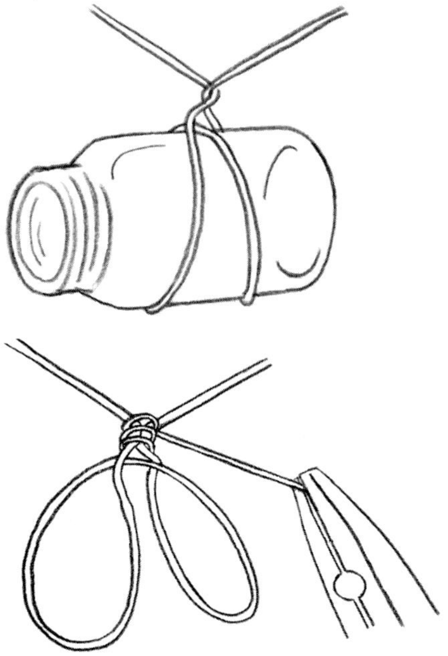

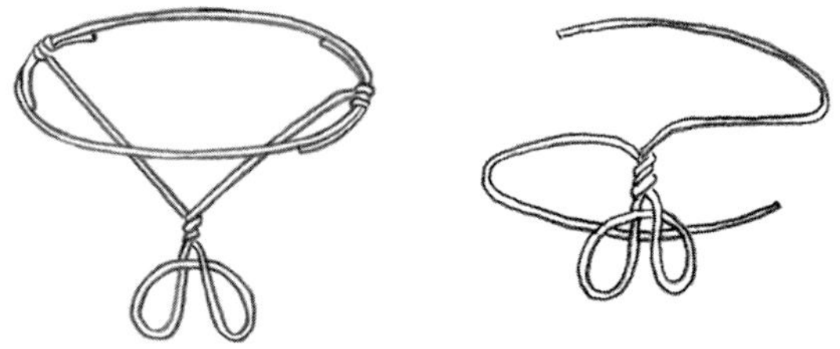

上フレームに合せて輪をつくる。完全な輪にしなくてもよい

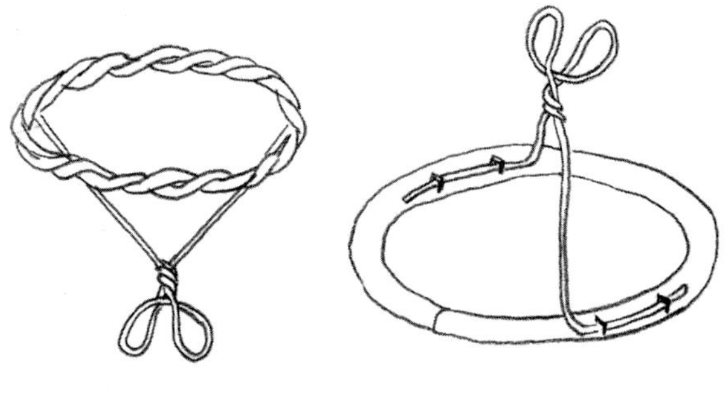

1 キャッチをつくる

ステンレスのワイヤー（直径2 mm）を直径4 cmの薬ビンなどに巻きつけると、ちょうどよいキャッチになる。2重に巻いてひねり、首を細い針金で縛る。

2 上フレームに取りつける

上フレームに合わせて輪をつくる（完全な輪にしなくてもよい）。ワイヤーが目立たないように、ツルに巻き込んだり、下部に小さなマタクギでとめる。

スポークつきフレーム

シェードのフレームづくりはけっこうやっかい。５本なり８本なりのスポークがなかなかきちんと組み上がってくれない。接着面が小さいのと、上下の枠に歪みがあるので、スポークの長さも一定ではないからだ。
とにかくここは焦りは禁物。根気よさというか“執念”が必要。

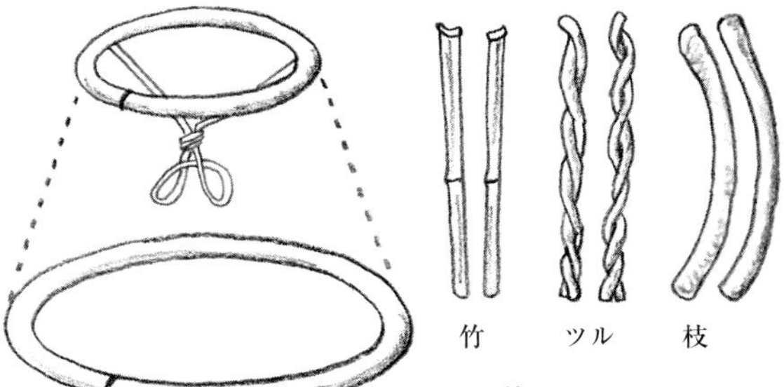

スポークのいろいろ

1 材料をそろえる

スポークは竹を割って幅５mmのものをつくる。またサルナシの徒長枝など、同じようなカーブのスポークもおもしろい。

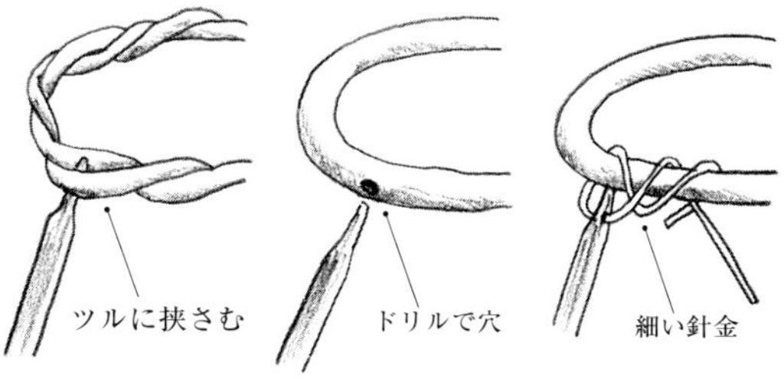

2 スポークの取りつけ方3種

①スポークの両端を薄く削り、ツルの編み目に挟む。②太めの枠では、ドリルで穴をあけ、削った先端を差し込む。③スポークの先端に細い針金を取りつけ、枠に絡ませる。

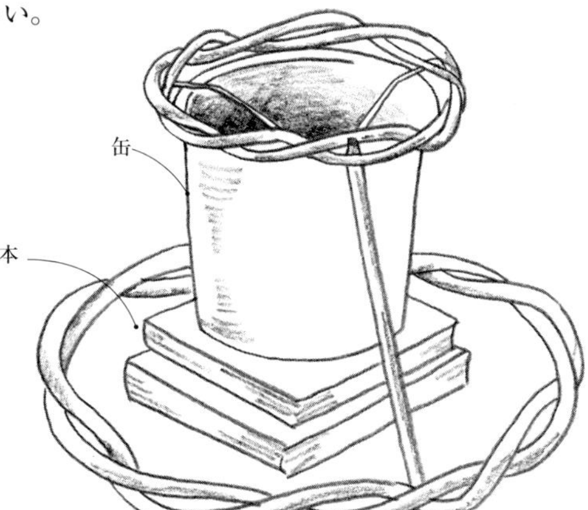

3 高さを決める

ミルク缶などの内部にキャッチを入れるようにし、上枠を平らに置く。缶の下に本などを置いて高さを調整、角度をみながらスポークの位置を決める。

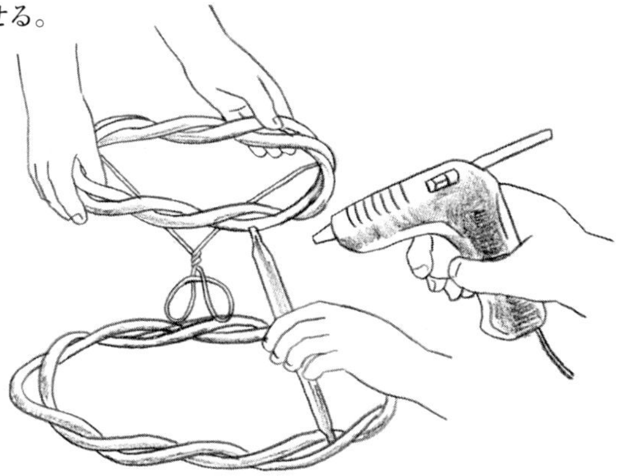

4 接着ガンが有効

先を細くしたスポークを、枠の編み目や穴に差し込んで接着する。樹脂を電熱で溶かして接着する接着ガンが固着しやすい。

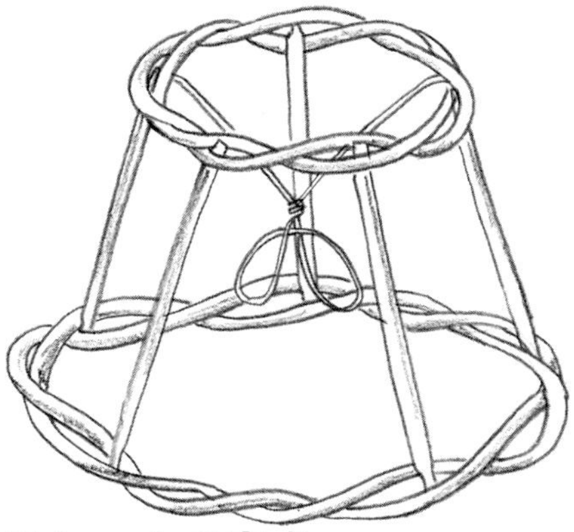

5 フレームの完成

すべてのスポークが固着してもグラグラするが、シェードを張ればしっかりする。

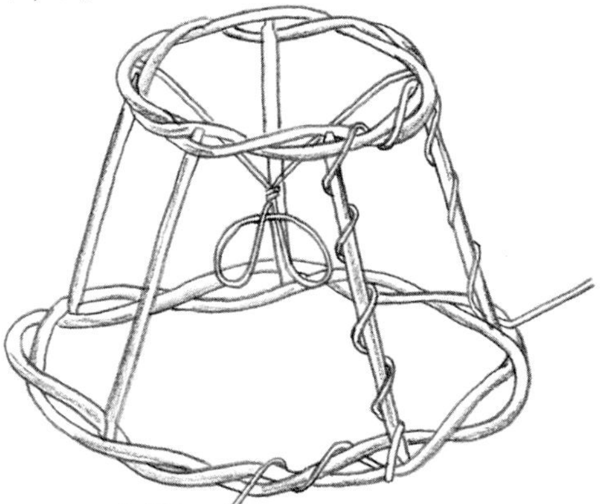

6 ツルで補強

補強と装飾をかねて細いツルを絡めるのもよい。

和紙を張る

シェードには和紙を張りたい。和紙は丈夫で伸縮性があるので作業しやすい。それに草木を漉（す）き込んだものもあり（美濃紙など）、風合いに富む。厚さもいろいろあるので厚めのものを選ぼう。

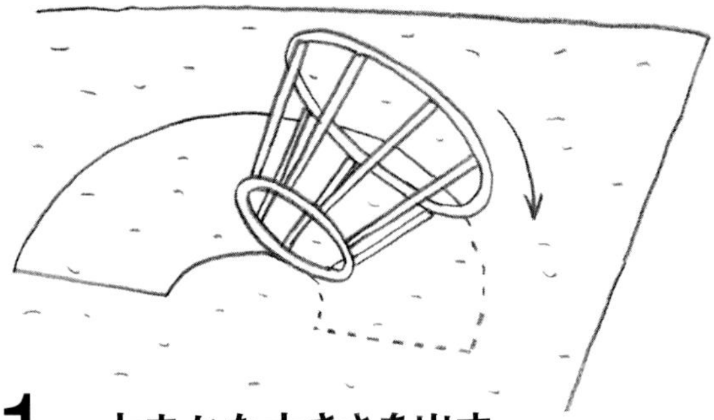

1　大まかな大きさを出す

紙を広げ、その上でフレームを転がしながら、上下フレームの外側を鉛筆でなぞる。

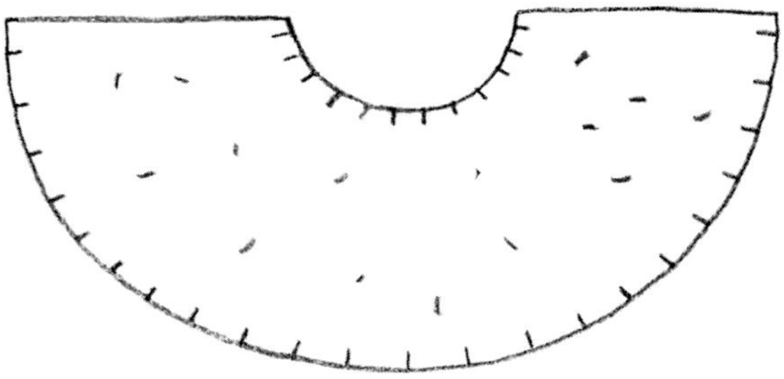

2　切り取る

鉛筆の線に沿って切り、フレームに合わせやすいように上下に切れ目を入れる。

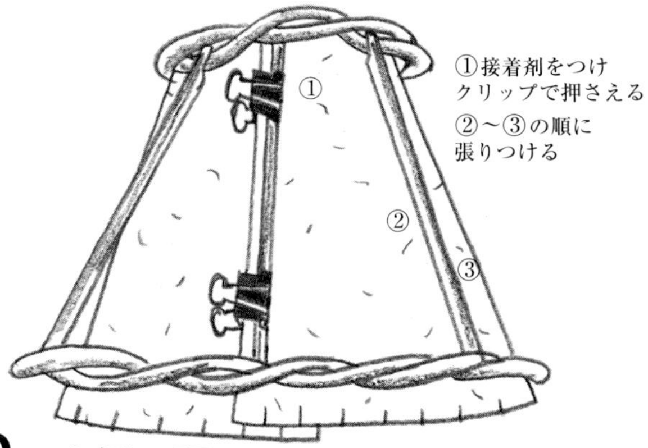
①接着剤をつけ
クリップで押さえる
②～③の順に
張りつける
①
②
③

3　内側に張る

切った和紙をフレームの内側に合わせ、スポークに順次張りつける。上下のノリシロは1cmぐらいにカットする。

4　ノリシロの処理

ノリシロはフレームに沿って、内側にノリをつけて折り込む。ノリシロの部分を水で湿らせ、フレームの隙間に詰め込んでもいい。

HINT

ブロックごとに張る方法

カーブや変形の多いスポークのときは、ブロックごとに型を取り、順次張っていく。

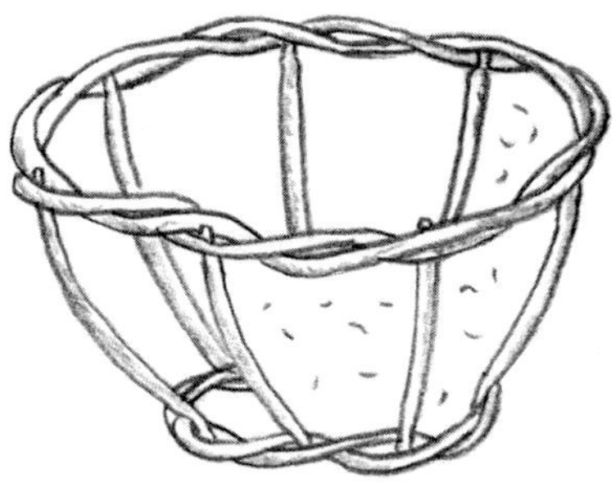

洋紙と皮ヒモのシェード

洋紙もシェードに使える。厚めの特殊紙やファイバー・クラフトという半透明の紙を使うと、全体に軽やかな感じがでる。

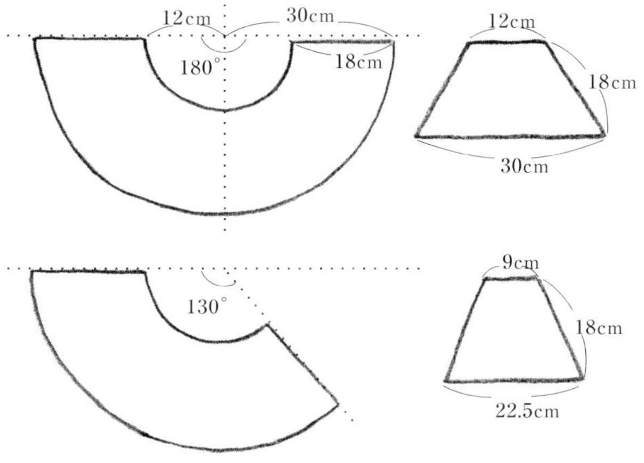

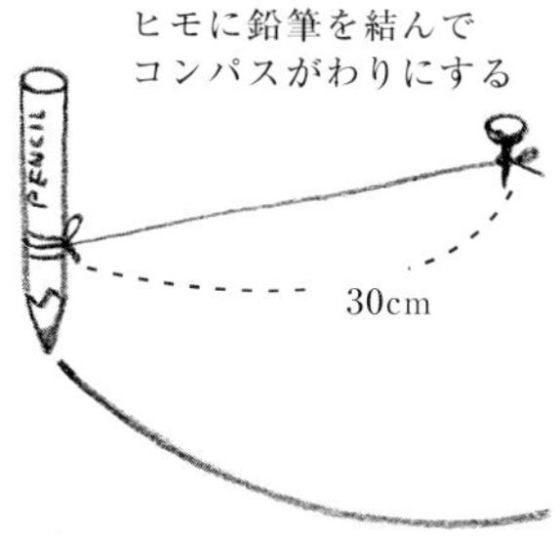

1 シェードの形

上下の枠と紙だけのシェードの場合、枠を転がして型を取るわけにはいかない。シェードの形は左のようになることを頭に置いて、好みの大きさをつくる。

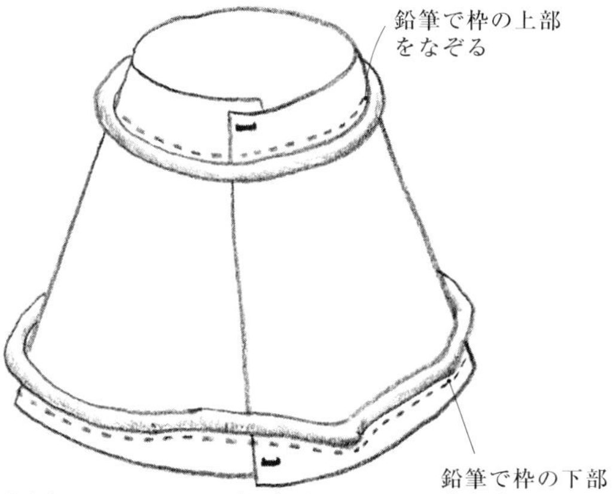

2 紙とフレームを合わせる

切り取った紙の両端をホチキスでとめ、上下の枠をはめる。形が決まったらそれぞれの外側を鉛筆でなぞる。

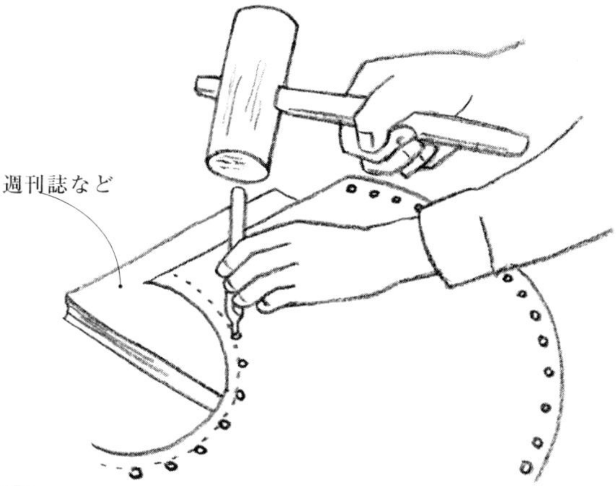

3 綴じ穴をあける

鉛筆の線で切り（上部はキャッチのワイヤーを隠すノリシロを1cm残す）、5mm内側にポンチ（2mm）で10〜15mm間隔で綴じ穴を開ける。

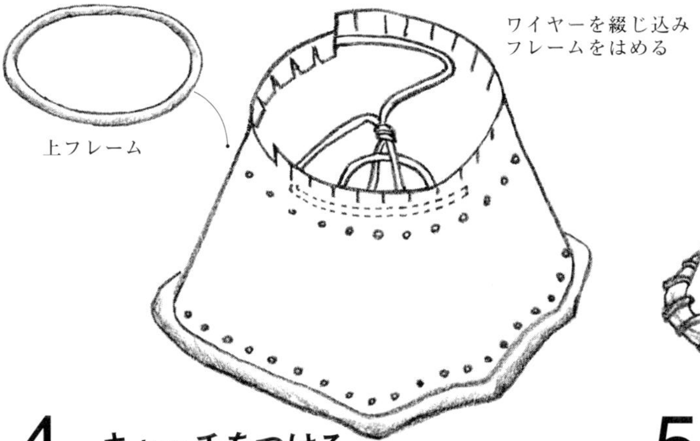

4 キャッチをつける

上部のノリシロ部分にキャッチを合わせ、ノリシロを折り込んでワイヤーを隠す。ノリシロでふさがった穴は外側から千枚通しであける。

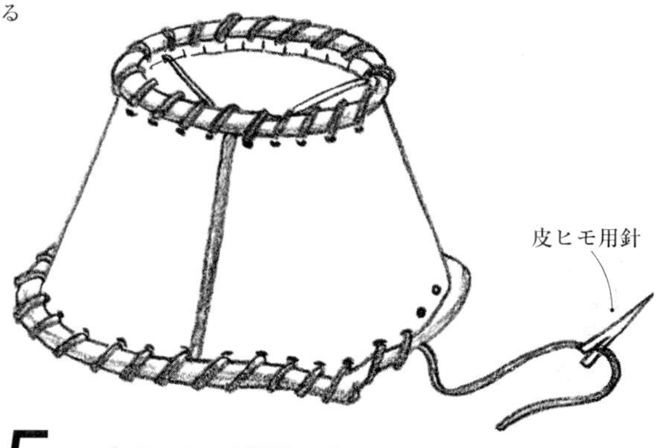

5 皮ヒモで綴じる

上下にフレームをはめ、幅3mmの皮ヒモで綴じる。皮ヒモの継ぎ足しは木工ボンドで。

薄い和紙や布を張る

薄い紙や布は形が不安定になるので、樹脂板やファイバー・クラフトに張りつけてシェードにする。したがって作り方は前ページの洋紙の場合とほぼ同じ。

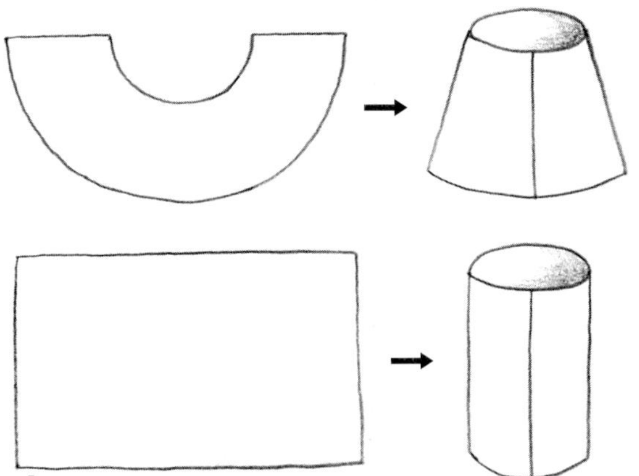

1 樹脂板などを型に切る

好みの形に樹脂板やファイバー・クラフトを切り抜く。樹脂板はカッターで切る。

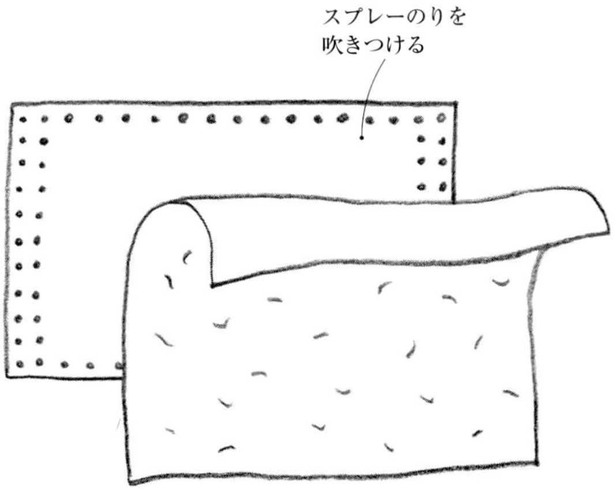
スプレーのりを
吹きつける

2 綴じ穴を開け、布を張る

皮ヒモで閉じる穴をあけ、スプレーノリを吹き付けた樹脂板に布や和紙を張る。

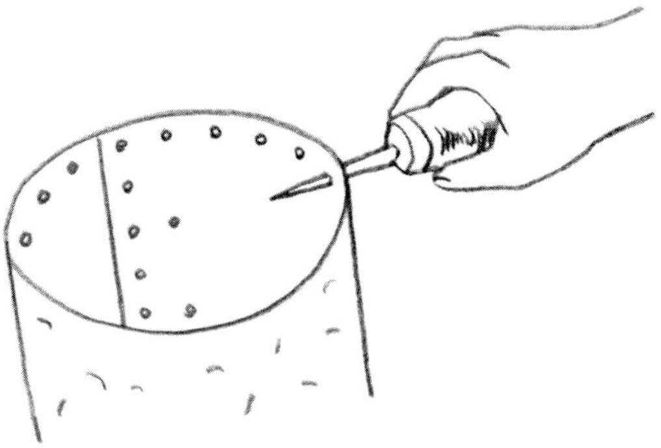

3 布（紙）に穴を開ける

樹脂板の穴に沿って、千枚通しで布（和紙）に穴を開ける。

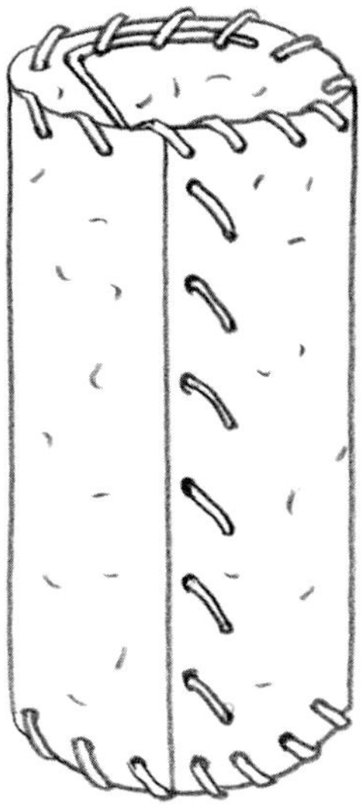

4 皮ヒモで綴じて完成

前ページと同様、幅3mmの皮ヒモで綴じて完成。

HINT 安全なランプ

電球は熱をもつので、①シェード内の空気の流れをよくする、②電球とシェードの間隔をあけることに気をつけてください。

電球とシェードの距離は、20ワット以下では3cm以上、40ワット以上では5cm以上の間隔を必ず開けてください。

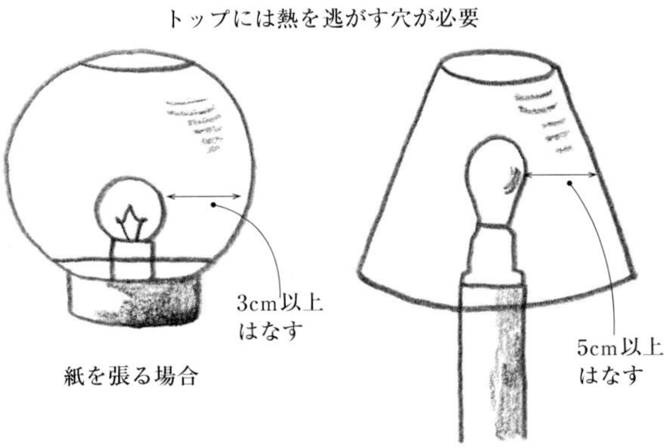
トップには熱を逃がす穴が必要
3cm以上
はなす
紙を張る場合
5cm以上
はなす

ツルのボールランプ

ボールライトの表面をツルで覆ったようなもの。グルグル渦を巻くようなツルの模様が、宇宙に浮かぶ星を思わせる。裸電球を入れて影を楽しむのもおもしろい。

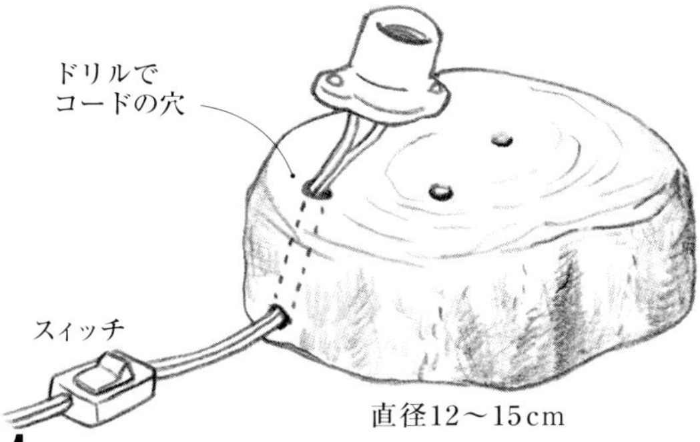

（カラーp48参照）

1 ボールランプのベース

作り方は至って簡単、丸太の輪切りにE17ソケットを取りつけるだけ。

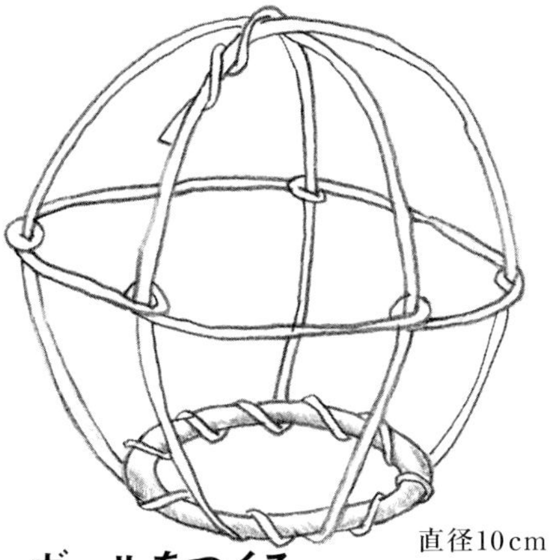

2 ボールをつくる

底部に直径10cmほどの輪をつくり、そこから５本の支柱を彎曲につくる。中央にもツルを巻いて形をしっかりさせる。

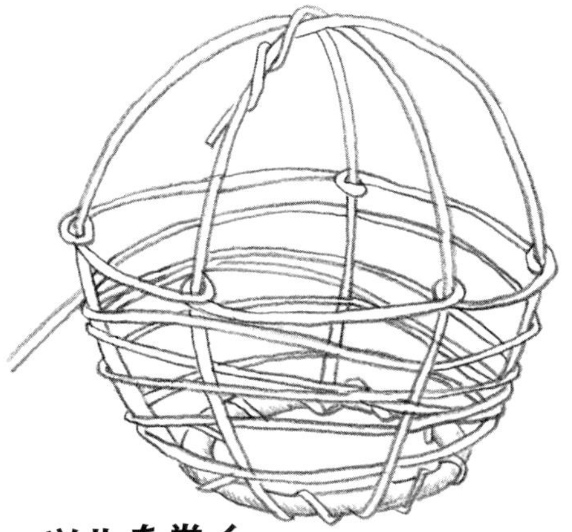

3 ツルを巻く

5本の支柱にツルを絡める。あまりきっちり巻かず、隙間をもたせるくらいにする。

HINT

内側から和紙を張る

ツルのボールランプやツルを巻きつけたシェードには、内側から和紙を張るのもよい。霧吹きなどで和紙を十分しめらせ、ツルの凹凸にあわせて形を作り、そのまま乾燥させる。あとは数カ所接着剤でとめればOK。

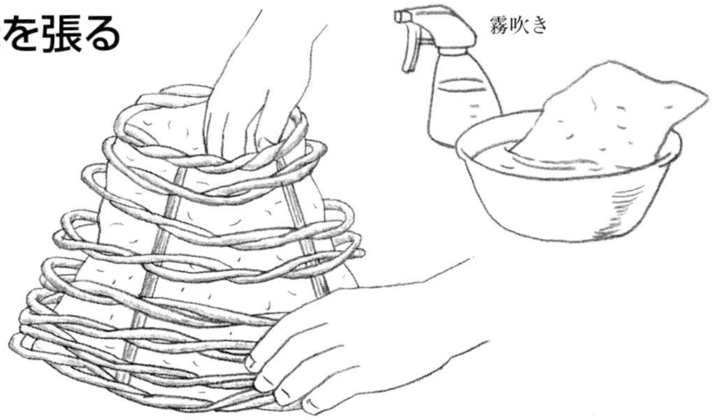

3（キャンドルスタンド）

木の根のキャンドルスタンド

根や枝の広がりを利用すると、ちょっとにぎやかなキャンドルスタンド（ランプでもよい）ができる。誕生パーティーやクリスマスなど、テーブルの真ん中に置くと、いつもとは違う灯りに暖かい会話が弾む。

ロウソクの受け皿は太めの枝をスライスするだけ。最近は丸、四角、三角など、いろいろなロウソクが市販されているので、どれでも使えるようただのお皿にした。

（カラーp51参照）

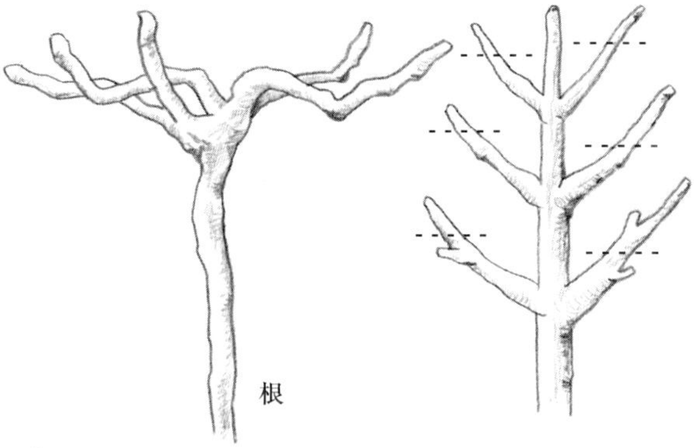

1 根を逆さまに

根が水平に広がっているので逆さまにした。ふつうの枝に、段違いにロウソクをともすのもおもしろい。根の皮はとりにくいのでそのままにした。

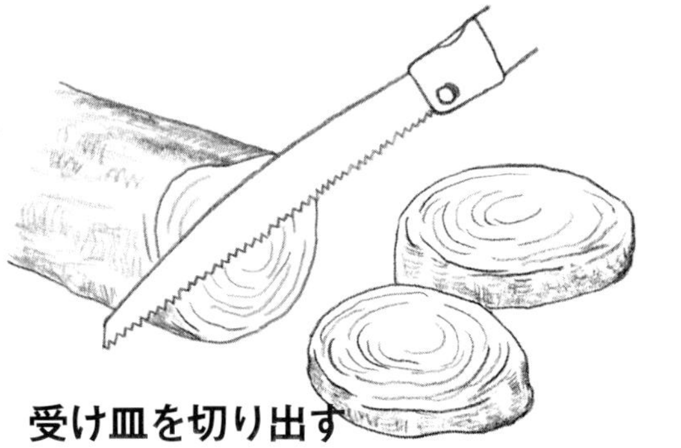

2 受け皿を切り出す

別の直径５cmぐらいの木を輪切りにして受け皿にする。この上に市販のロウソク受け（ガラスなど）を張りつけてもいい。

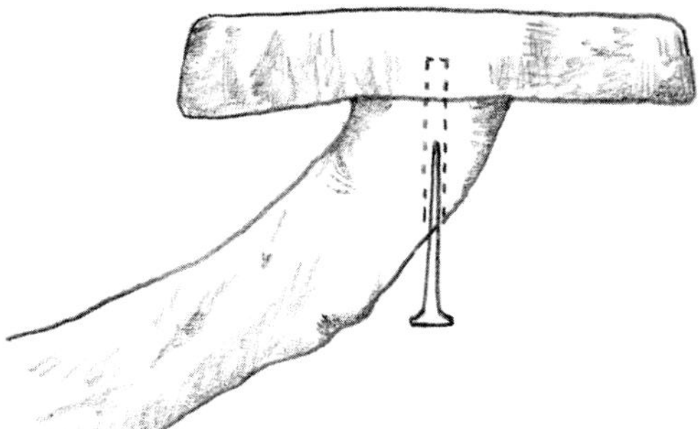

3 受け皿をつける

根または枝の適当なところを水平に削り、細い枝や根は割れやすいのでネジ穴をドリルであけ、木ネジと接着剤で固定する。

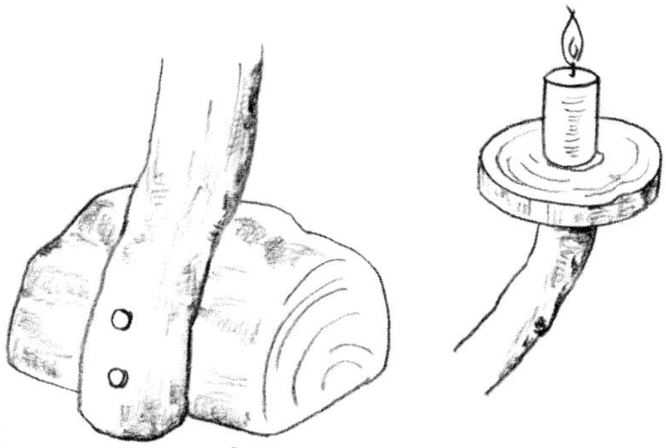

4 ベースに立てる

重みのある根や切り株に立てる。クギを表面に出したくないときは、竹クギを使って目立たなくする。

松の枝のキャンドルスタンド

背の高いスタンドに大きいロウソクが１１本。部屋の真ん中におくと、これからお祭りでも始まりそうな雰囲気で、なかなか豪華である。大きすぎるときは、２つに 切って、６本ずつのスタンドにしてもよい。これだとテーブルに置くのにちょうどよい。

材料はアカマツの幹と、老木の枝。幹は間伐された林で拾ったもの、老木の枝は倒木から切りだしたもの。

(カラーp52参照)

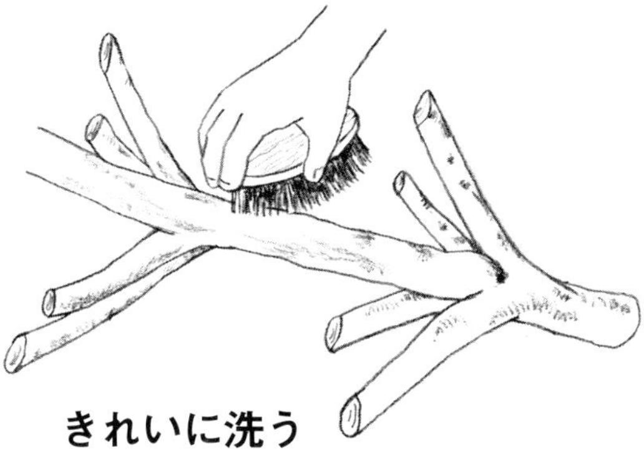

1 きれいに洗う

松の皮はたいへんむきにくいが、両方とも倒れてから１年後ぐらいで、意外に簡単にとれた。あとは柔らかめのワイヤーブラシで甘皮をとる。

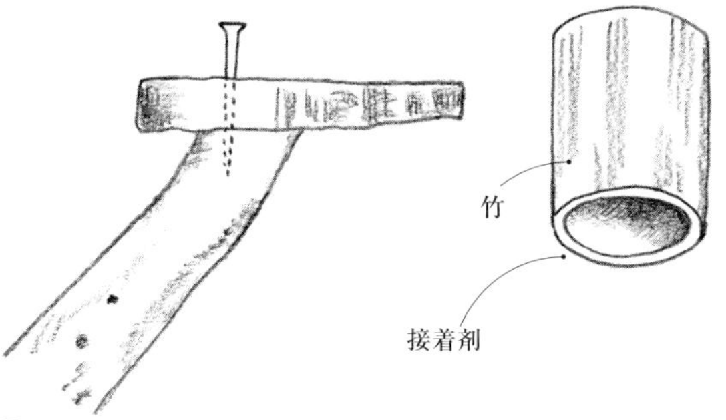

2 受け皿をつくる

前ページと同様、受け皿を枝先にセット、竹を輪切りにしてロウソク受けにする。竹は目の細かいノコを使うと切りやすい。

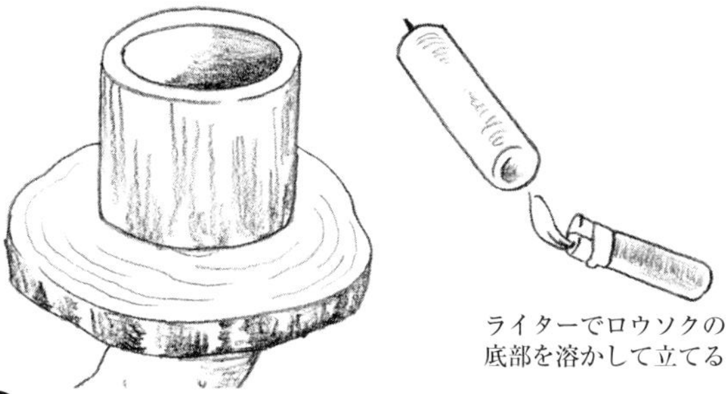

3 竹の輪を接着

竹の輪をボンドで受け皿に接着する。ロウソクがぴったりはまるわけではないので、ロウソクの底部を火で溶かして立てる。

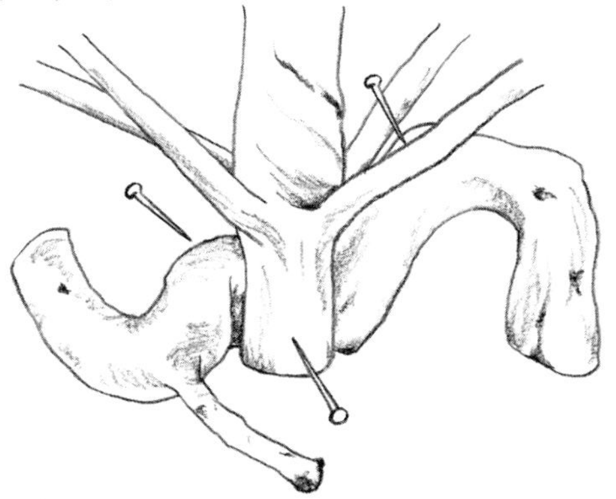

4 ベースと組み合わせる

組み接ぎにしてもよいが、ベースの曲がりと枝を利用した。３カ所にクギまたは竹クギを打ち込んで固定。

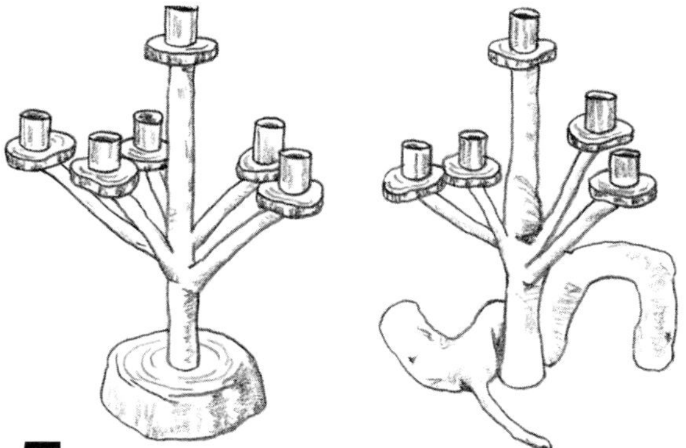

5 ２つにしてもよい

かなり背が高いので、２つに分断して６灯のキャンドルスタンドにしてもよい。

松の小枝のミニ・キャンドルスタンド

時代劇の旅籠（はたご）のシーンに出てくるような、手に持ったり枕元に置いたりする小さな燭台。たいてい鉄か鋳物でできているようだが、あれを木でつくってみた。別に必要だったわけではなく、松の小枝の皮をむくと、絹のような光沢のすばらしい木肌が現れたので、何かつくってみたくなっただけ。

小さなものなので、アロマキャンドルをともしてはどうだろうか。

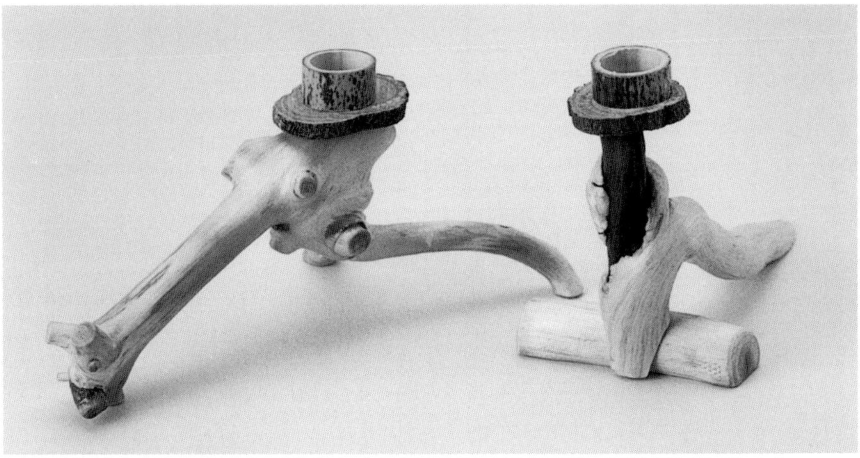

（カラーp52参照）

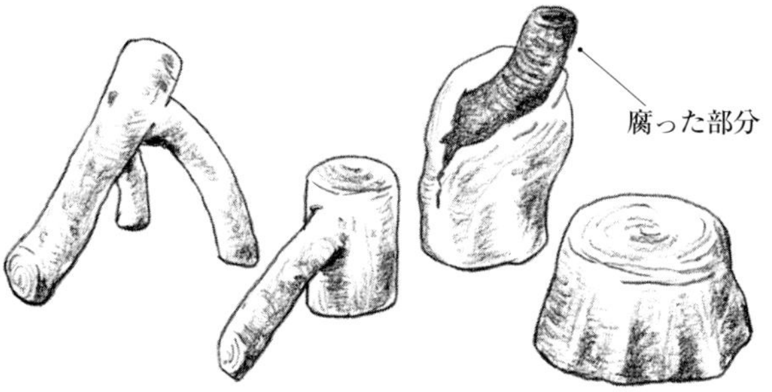
腐った部分

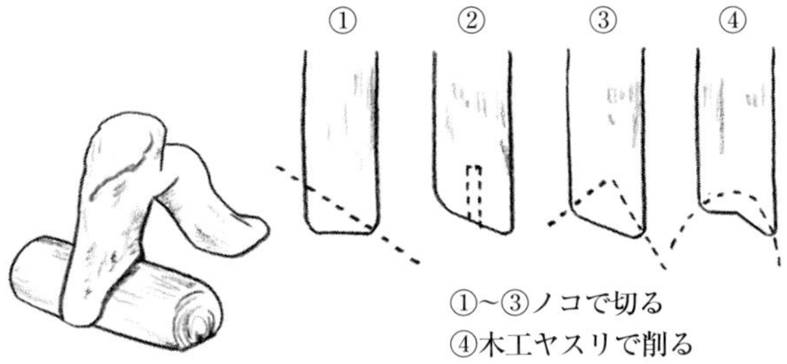
①
②
③
④
①〜③ノコで切る
④木工ヤスリで削る

1　小枝でも切り株でも

小枝、コブ、小さな切り株など、材料はなんでもいい。いろいろな角度から見て、安定する形を探す。

2　枝を組み合わせる

自然の形で安定しないときは、枝を組み合わせて安定する形をつくる。なるべく同じ木の枝がいい。

COLUMN　竹クギの使い方

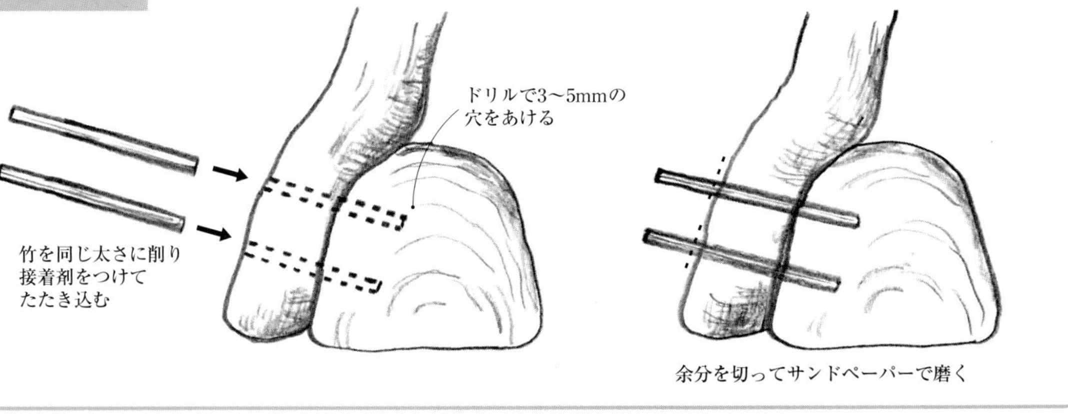
ドリルで3〜5mmの
穴をあける
竹を同じ太さに削り
接着剤をつけて
たたき込む
余分を切ってサンドペーパーで磨く

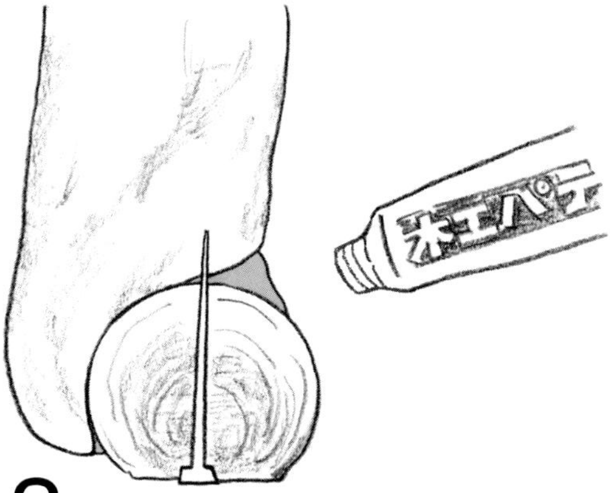

3 固定する

組み合わせの形ができたら、木ネジ、竹クギで固定する。隙間が気になるときはパテで埋める。

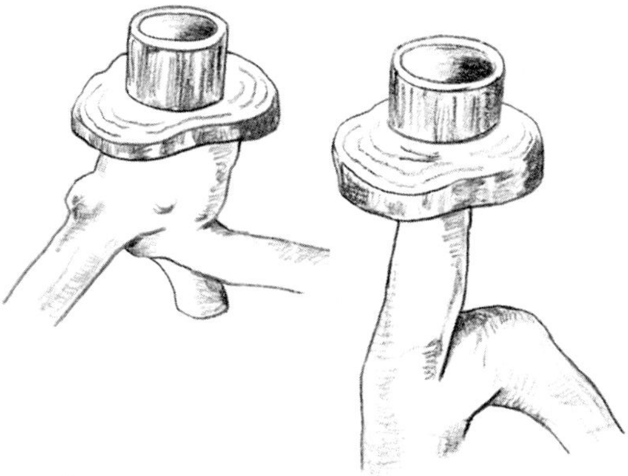

4 受け皿をつける

小枝のものは木の輪切りを受け皿にし、竹の輪や粘土の皿を取りつける。

コブのキャンドルスタンド

コブ、小型の切り株、幹の輪切りなど、形のおもしろいものは穴を掘ってロウソク受けにする。

松のコブの中央は、たいてい腐食した古い枝をくわえているので、それを削り出すとロウソク受けになる(写真下)。

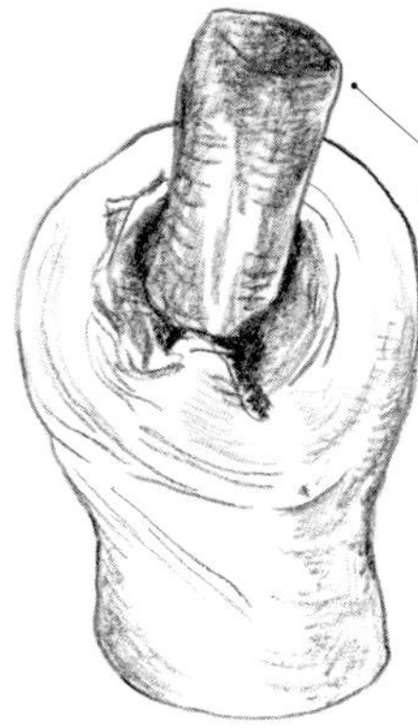

(カラーp50参照)

HINT 安全なロウソク皿をつくる

竹の輪や木の穴を直接受け皿にしたものは、火が燃え移ることも考えられるので、短いロウソクは使えない。

自作の陶器や粘土の円筒容器、市販のロウソク皿を接着して使えば安全。いずれにしても火には十分な注意が必要。

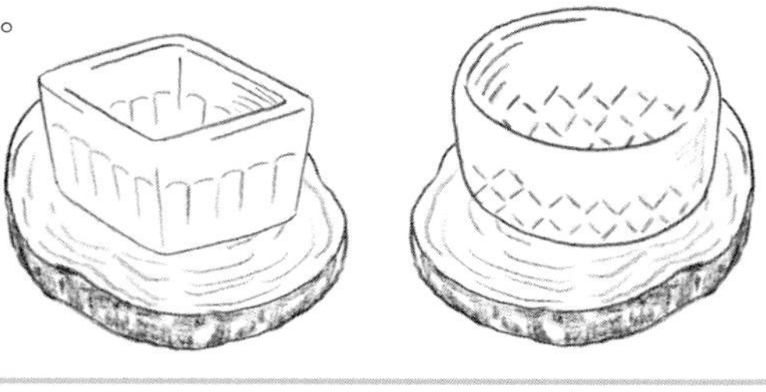

①粘土で受け皿をつくる

陶芸用の粘土をこね、好みの大きさ、高さの受け皿をつくる。中央にストローで穴をあけておくと枝などに固定できる。

粘土でつくった受け皿は、風とおしのよいところで1週間陰干し。たき火で1時間ほど焼くと素焼きの器ができる。

②枝にとめる

粘土のまま、あるいは焼き上がったものを、枝に木ネジやボルトでとめる。

クラフト雑感

「ランプのコード」

p45上段のランプは、インチキというかルール違反というか、ある種手抜きをしています。

市販のふつうのランプは、支柱の中をコードが通る仕組みになっています。支柱をすっきり美しく見せるために、邪魔なコードを支柱の中に隠すわけです。

この本のランプのほとんどは、コードをツルに見立てて絡ませていますから、あまり違和感はないと思いますが、支柱にする木によっては、コードを絡ませると不自然になることもあります。

その場合は、支柱をパイプにしてコードを通すのがふつうです。

p45上段のランプも、この方法でつくれるのですが、どうしても木を切りたくなかったので（樹皮つきなので切り口が目立ってしまうのです）、見えない部分に単純にコードを張りつけました。

まさにワイルド、見る人が見れば笑いだすか怒りだすかのどちらかでしょうが、使う自分が「支柱を切りたくない」「これでいいのだ」と思うならば、それでいいのだと思います。

考えてみれば、ツルには木に巻きついて登るものもあれば、ツタやツタウルシのように、付着根を出してまっすぐ登っていくものもあります。このランプの場合は、ツタが木を這（は）っていると思えばいいわけです。

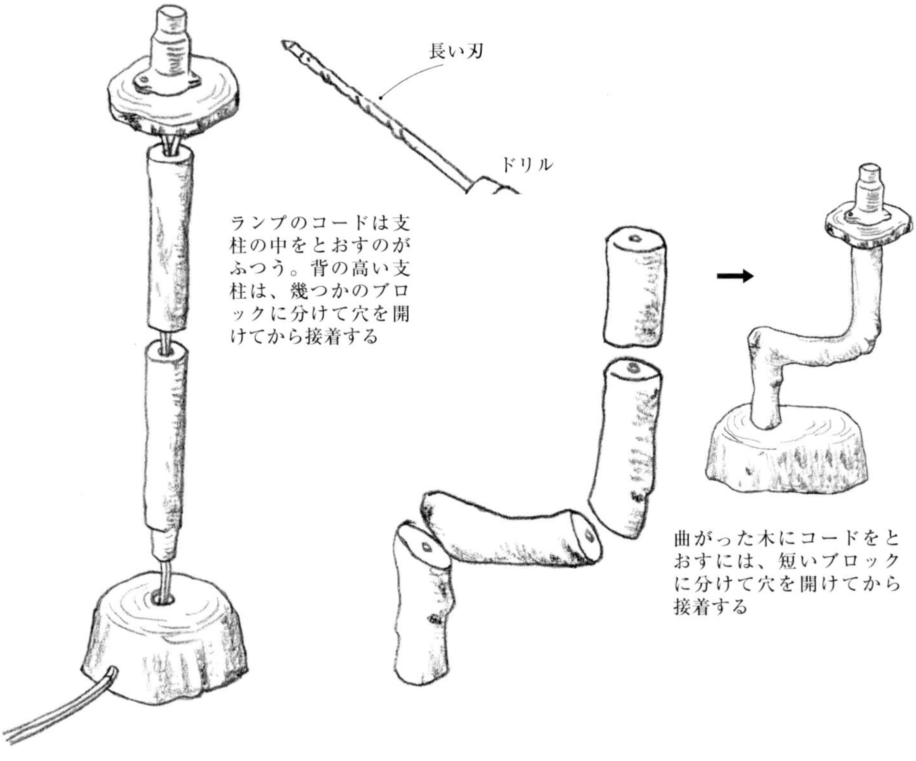

ランプのコードは支柱の中をとおすのがふつう。背の高い支柱は、幾つかのブロックに分けて穴を開けてから接着する

曲がった木にコードをとおすには、短いブロックに分けて穴を開けてから接着する

自然の恵み

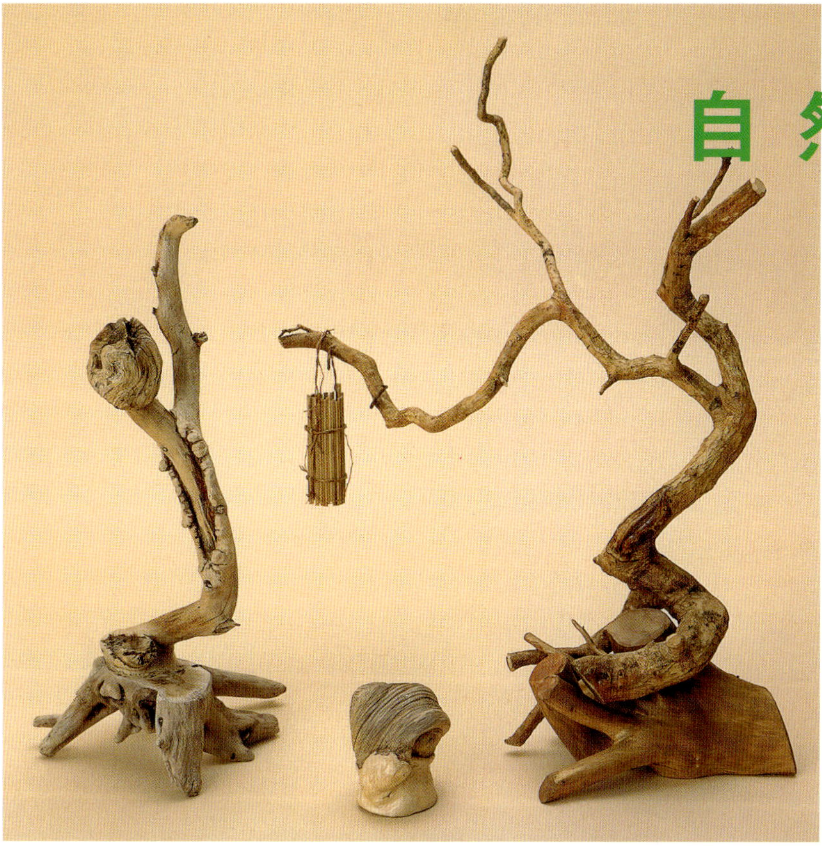

拾ってきたままのオーナメント
（p80参照）

枝のコブでつくったペーパーウエート
（p82参照）

庭木の枝の小物かけ
（p78参照）

梢の小物かけ
（p79参照）

ポールハンガー （p86参照）

太いフジのラック
（p88参照）

ヤマブドウの傘立て
（p90参照）

朽ち木・流木の花器

（p32参照）

ススキの穂茎の一輪挿し
（p.26参照）

朽ち木の花器
（p33参照）

フレームつき
フラワーベース
（p30参照）

ケヤキの枝の揺り椅子

（p94参照）

ツルの揺りカゴ

（p97参照）

流木の木馬

（p100参照）

小枝のフレーム
銀杏の徒長枝とヤマイモのツル（上）
白樺の細い幹（左）
銀杏の小枝（右）
（p36参照）

気ままなリース
（p39参照）

スイカズラとヤマブドウの巻きひげのドリームキャッチャー
（p42参照）

WILD CRAFT

PART 5

自然の神秘

人間の体や心の仕組みは複雑ですが、植物の仕組みも、いったいどんなことになっているのか、と思うぐらい微妙で複雑です。

ツルツルの樹皮、ガサガサの樹皮、なめらかな木肌、細かい凹凸のある木肌、規則的な枝、不規則な枝、奇妙なコブ、神秘的な根の張り方……。いつ誰がなんのために、こんな形を考えたのだろうと、ついつい見とれてしまいます。

とても人間技では及ばない、そんな不思議な造形を身のまわりに置くと、なんだか山の霊気が伝わってくるような感じがします。

小枝の小物かけ

そもそも木の枝は、葉っぱの陳列棚。だとしたら、小枝を小物の展示棚にしてもいいわけだ。

剪定された小枝

木の枝というのは、一種の陳列棚なのだろう。ショーウィンドウに並べられた品々が、人びとの視線にまんべんなくとらえられるように、すべての葉っぱが太陽の光を受け止められるよう、巧みに棚を広げている。

というわけで、剪定された小枝を拾って小物かけにしてみた。気のせいか、小枝にかけられた小物たちは、とても満足しているようだ。

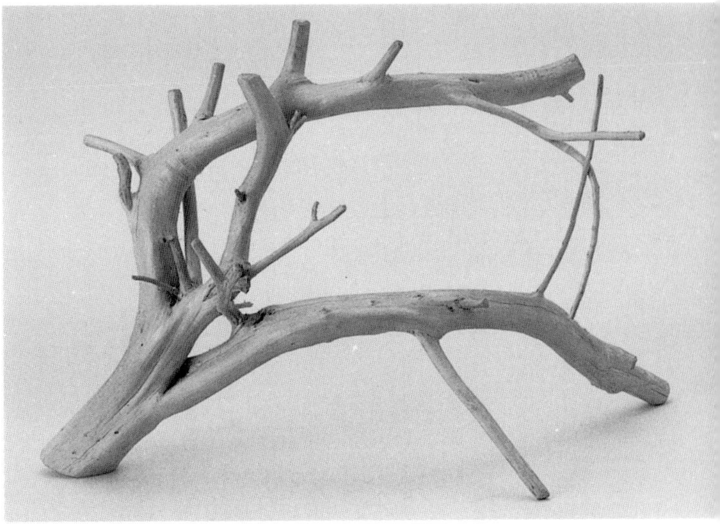

（カラーp70参照）

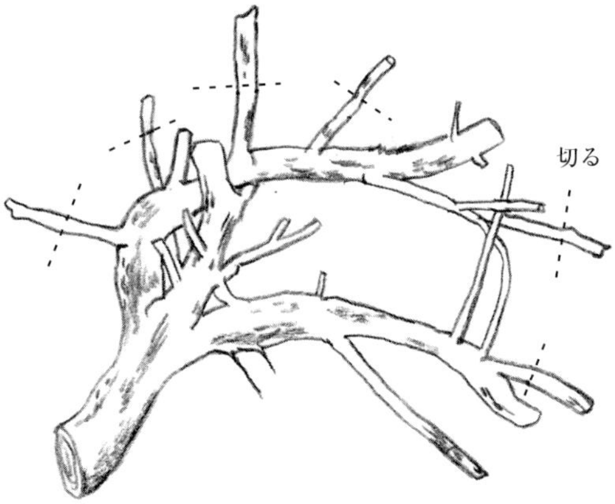

1　形を発見する

葉や小さな枝を除き、おもしろいと思う部分を切りとって、手頃な大きさにする。

2　大まかに樹皮をむく

ナイフで大まかに皮をむく。むきにくいものは、木肌を傷つけるので無理をしない。

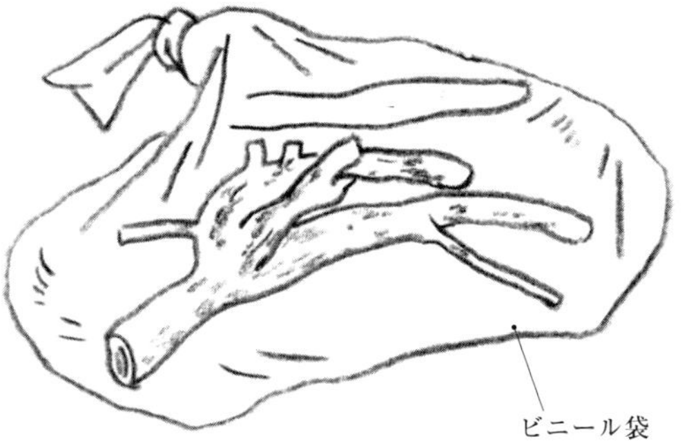

3　甘皮をむく

頑固な樹皮や甘皮は、２～３日水につけてからやってみる。ナイフの刃を直角に立ててこするととれやすい。

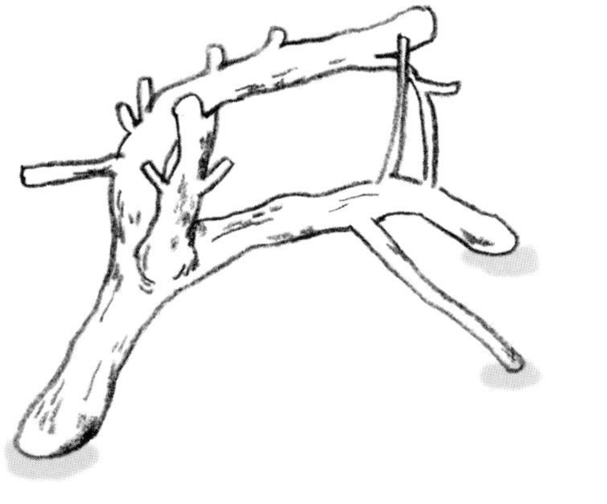

4　自立させる

小枝が安定して立つと気持ちがいい。３点接地がいちばん安定するので、適当な枝で自立させる。

巨木の梢

2000メートルの高地にモミ（調べてみるとモミではなくシラビソという木らしい）の原生林があって、よく巨木が倒れている。

あるとき、その倒れた巨木の先端までいってみると、きれいに枝のそろった梢があった。触わると風化した樹皮がポロポロ落ちて、きれいな木肌が現れた。

持ち帰って先端を小物かけに、その下をポールスタンド（p86）にした。

1 樹皮やヤニをとる

細い枝の樹皮やヤニは、折らないように注意して取る。200番以上の紙ヤスリで、挟むように引いて磨く。決して無理をしない。

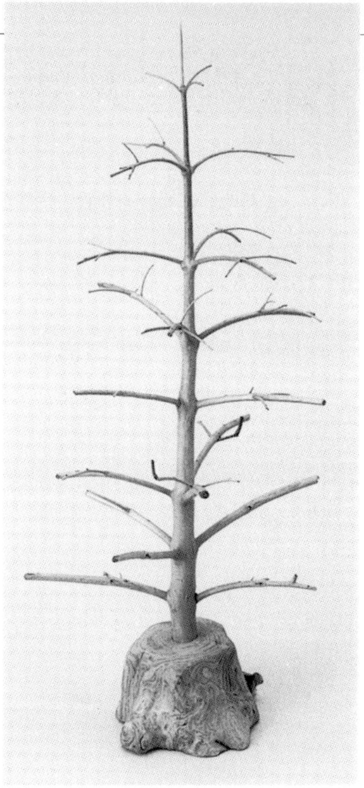

（カラーp70参照）

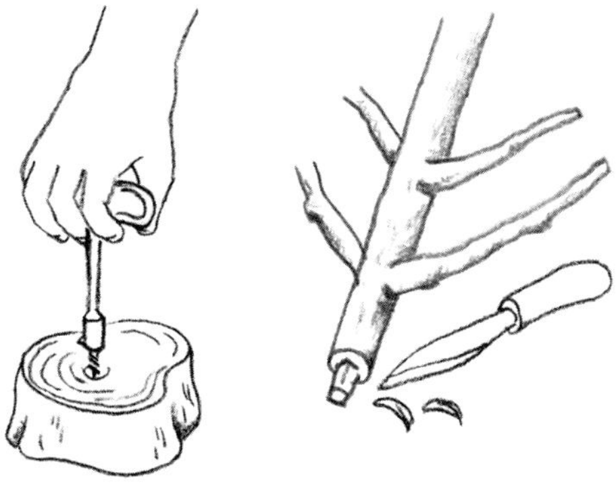

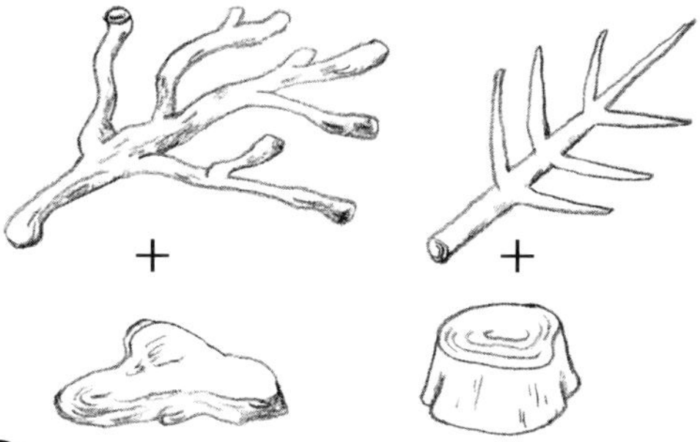

2 ベースをつくる

梢を自立させるベースを探す。梢には根っ子風、流木には流木風というように、似た風合いのものがベスト。

3 ベースにはめて自立させる

ベースにミニビットなどで穴を開け、梢の末端をその穴に合わせて削る。ベースとのかねあいで、どの向きに固定するかを決定する。

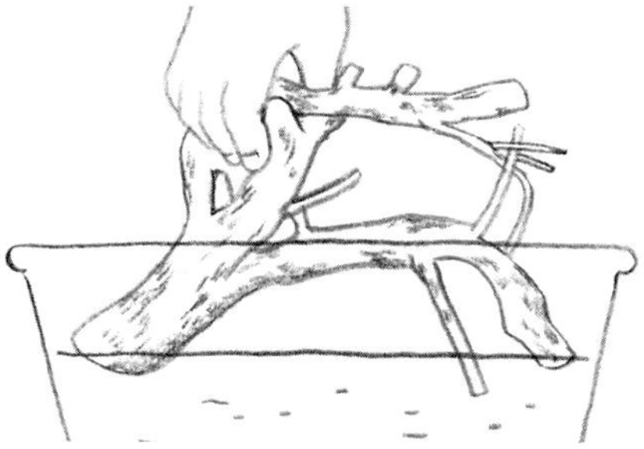

5 接地点の水平を出す

洗面器の水などに、好みの角度でそっと入れると、その水面が水平の位置。太い部分をどの方向に切るかを判断するのに便利。

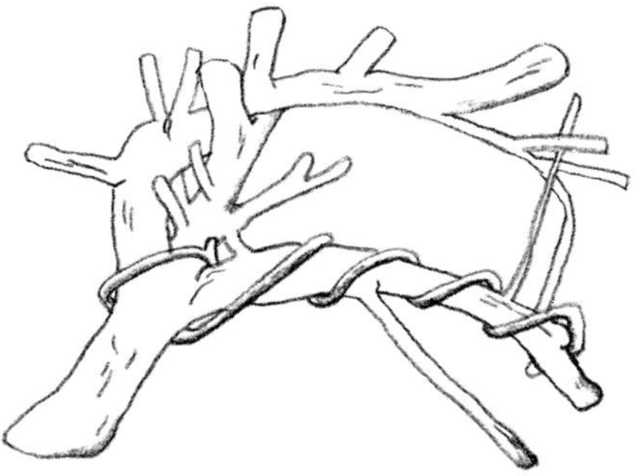

6 形を整える

余分な枝、長すぎる枝を切り、切り口はサンドペーパーで磨く。物足りないところにツルを巻くのもよい。

自然が造形したオーナメント

加工するのはもったいない形なので、そのままオーナメント（置き物）にしました。

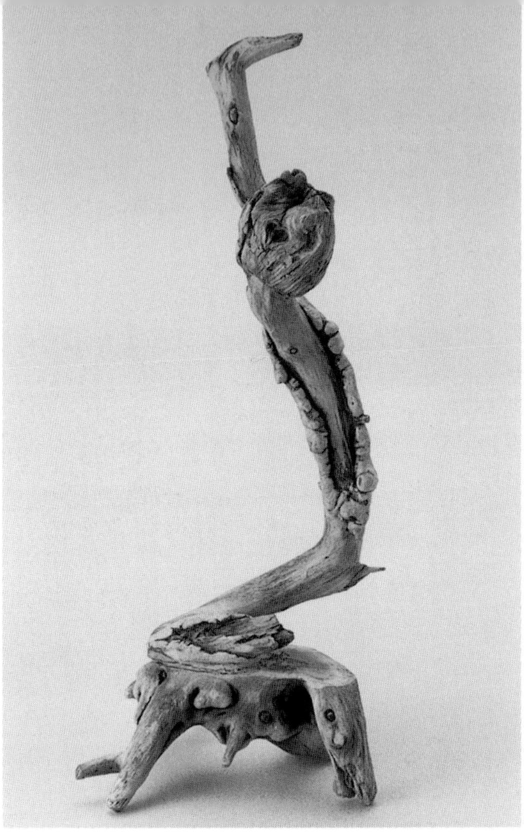

（カラーp69参照）

朽ち木と流木

流木の根に松の朽ち木を立ててみた。ある人は「チューリップみたい」といい、ある人は「この枝、ダンスしている」といった。自然の造形はロールシャッハ・テストみたいに、見る人によっていろいろなイメージが浮かぶところがおもしろい。

べつに何に見えなくてもいい。こんな造形を生みだすのは、やはり人間技ではないなと感じるだけでいいと思う。

1 汚れや樹皮を取る

松の朽ち木は、樹脂が固まって汚れや皮がとれにくい。急がずあわてず、ていねいにきれいにしていく。狭い隙間の汚れは、千枚通しやルーター（p81参照）などで掻き出す。

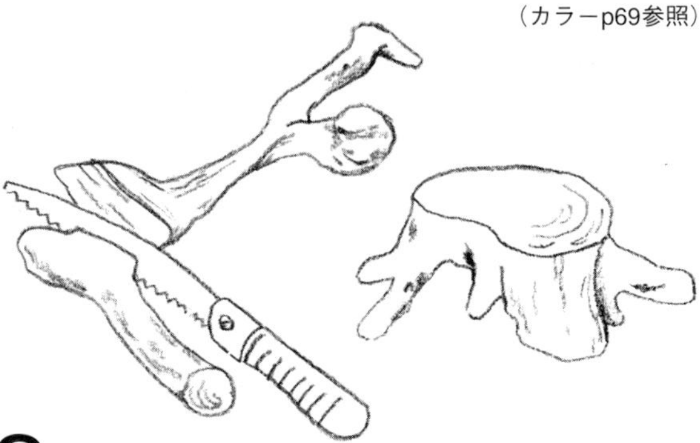

2 接ぎ合わせて自立させる

単体で自立させにくいときは、別の素材でベースをつくる。本体とベースの接合面はノコなどで両者に平面をつくり、接着剤で固定する。

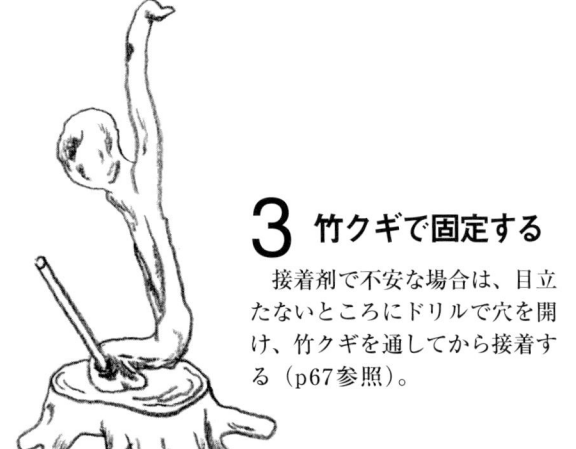

3 竹クギで固定する

接着剤で不安な場合は、目立たないところにドリルで穴を開け、竹クギを通してから接着する（p67参照）。

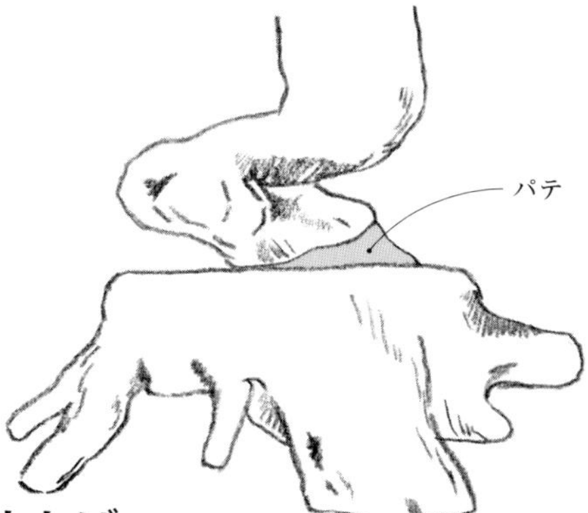

4 仕上げ

接着面に大きな隙間ができて気になるときは、同系色の木工パテを埋める。

松のコブ

林道わきに松の倒木があり、その根にコブがあった。松はコブをつくりやすい木で、枝にもコブをつくることがある。

下部の白っぽいところは最近まで生きていた部分で、その樹皮をとると、赤ズキンちゃんみたいになった。

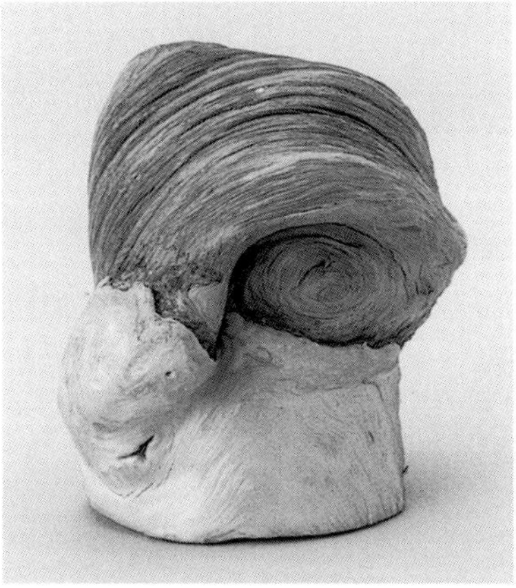

（カラーp69参照）

1 皮をむく

松の皮はとりにくい。しばらく水につけてからむく。

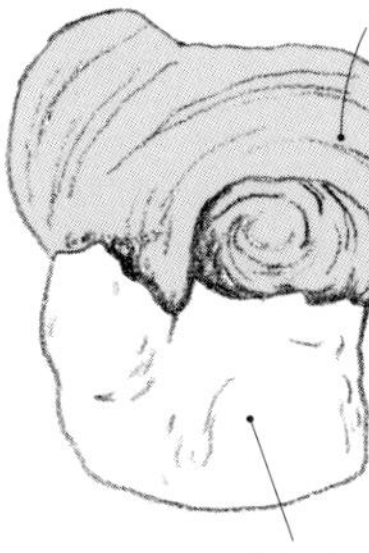

2 境界をきれいに

古い部分と新しい部分の境界は、ルーターなどできれいにする。

倒れた木の根

富士山の麓で、フキノトウを探しているときに拾った木の根。富士山は地層が薄く、下はすぐ岩盤なので、根は扇状に広がる。それで倒れやすいのだろう。

根はほとんど拾ったままの状態。ただ根だけでは自立しないので、ベースに切り株を組み合わせた。

（カラーp69参照）

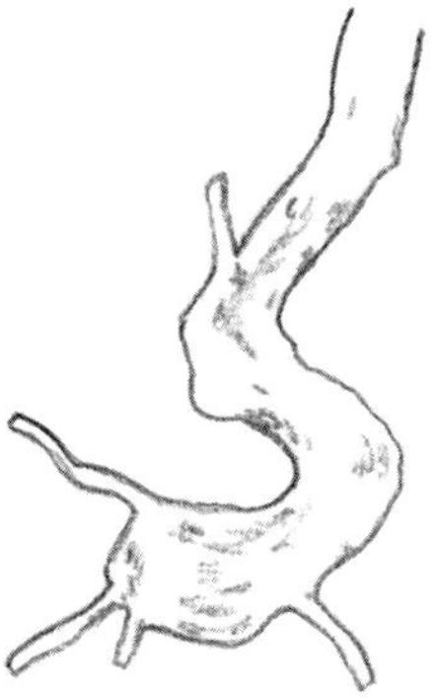

1 頑固な樹皮

根にも樹皮があり、これはなかなかとれにくい。頑固な樹皮は無理をしないでそのままにしておこう。

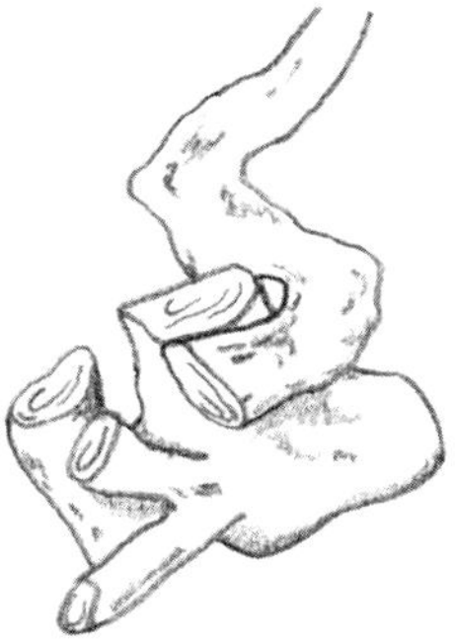

2 切り株のベース

ベースはイチョウの切り株。根の曲がりと切り株の根が偶然うまくかみ合った。

COLUMN

細かい部分をきれいにするハンディ(ミニ)・ルーター

歯医者さんが使うような小型のドリル。そもそもは銀細工などに使う工具だが、木製品にも使える。先の細い替え刃が各種あり、狭い隙間の汚れをとったり磨いたりするのに便利。騒音も少ない。

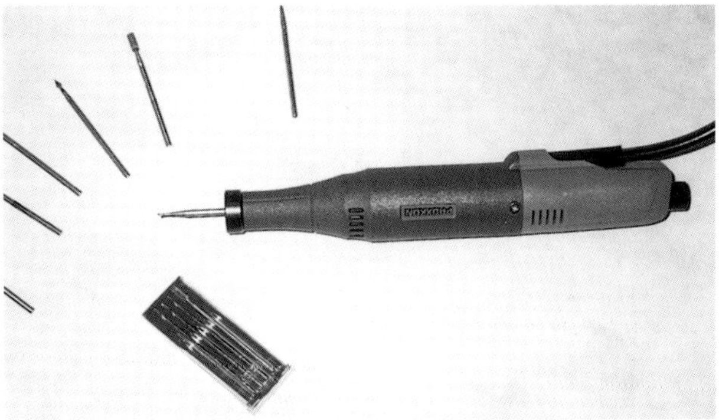

ペーパーウエート

小枝の気に入った部分をペーパーウエートやメモクリップにしてみました。

木枝にひそむ自然の霊気

変哲もない木の枝にも、自然の不思議が詰まっている。たとえば盛り上がった節の皮をむくと、思いがけない造形があらわれたりする。

たった数cmの木片にもかかわらず、複雑で微細なシワや凹凸が、峻険な山岳やなだらかな丘を連想させ、自然の霊気のようなものを漂わせる。この木片をペーパーウエートにしてみた。

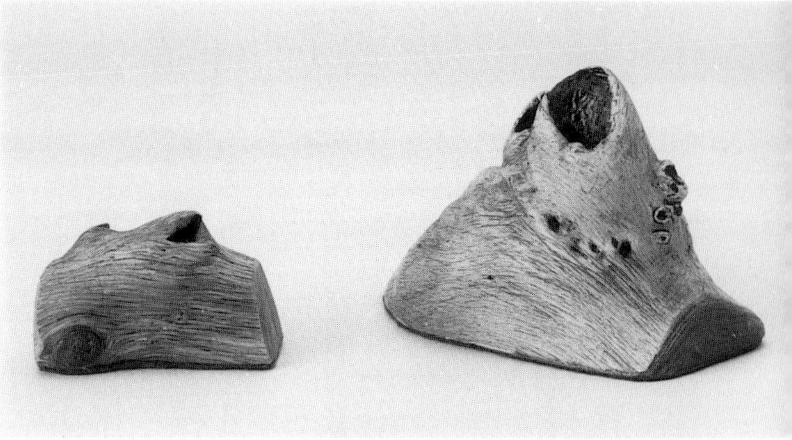

（カラーp69参照）

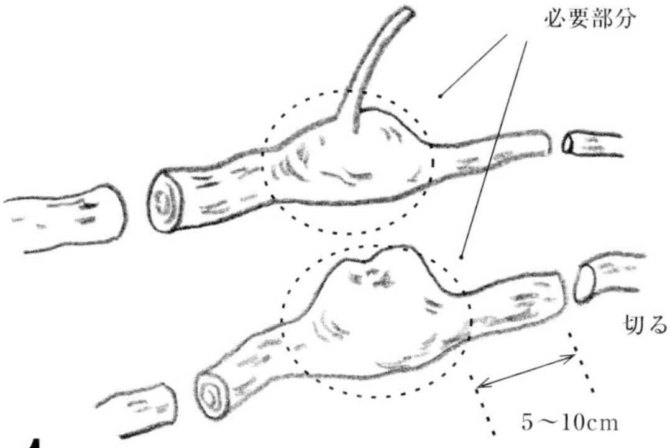

1 大きめに切り取る

削る、切るなど、加工にはしっかり保持できる部分があると楽。またバイス（万力）を使用する場合も、大切な部分に傷がつかない。

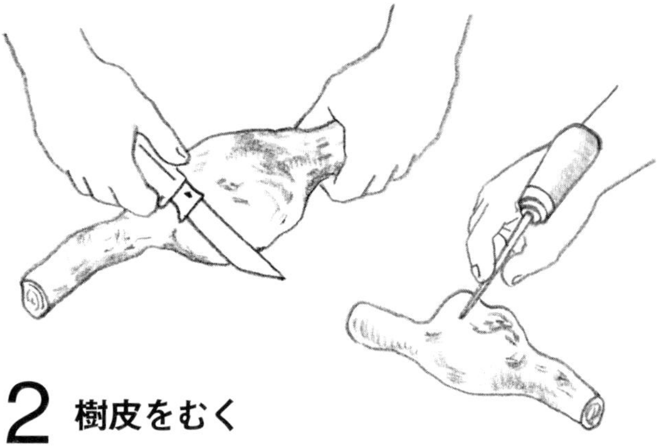

2 樹皮をむく

樹皮が魅力的であればそのまま、木肌がきれいであれば全体の皮をむく。とれにくい甘皮などは、千枚通しなどの刃先でこすり取る。

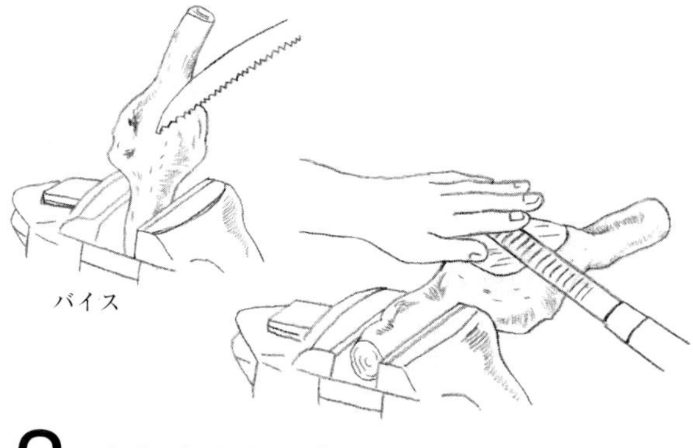

3 底部を平らにする

万力（バイス）で固定して、ノコ、ナイフ、木工ヤスリなどで底部を平らにする。

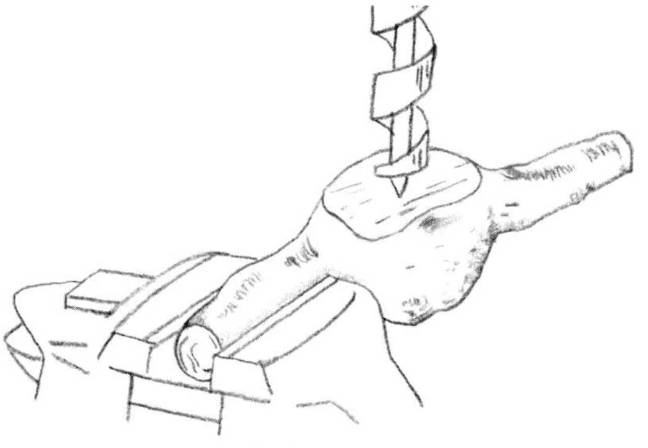

4 鉛を埋める穴を彫る

木片を重くするための鉛を埋める穴を、ドリル、ビットなどで彫る。重くするには穴を増やす。

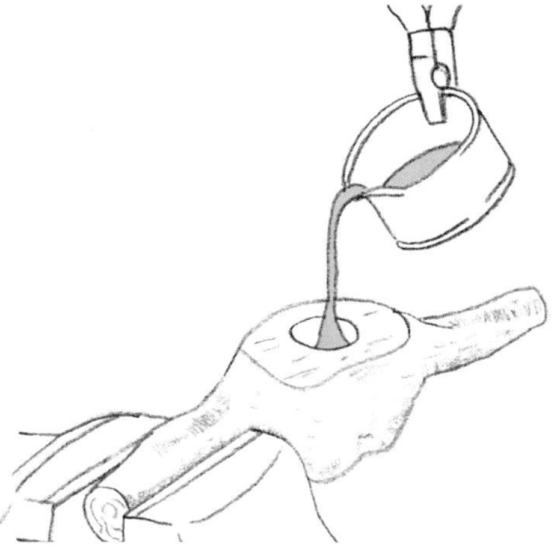

5 鉛を埋める

溶かした鉛をやや多めに注ぐ（次頁参照）。少なく注いで冷えた鉛に新しい鉛を足してもすぐ抜け落ちる。

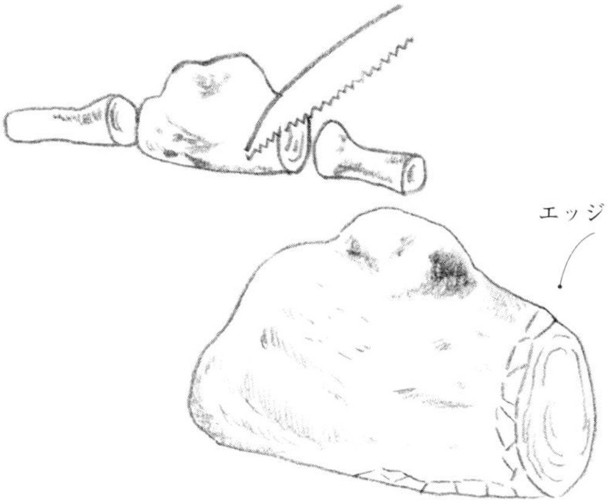

6 完成品の形にする

余分な部分を切り取り、完成品の形に整える。ノコは切り口がきれいになるよう目の細かいノコを使いたい。

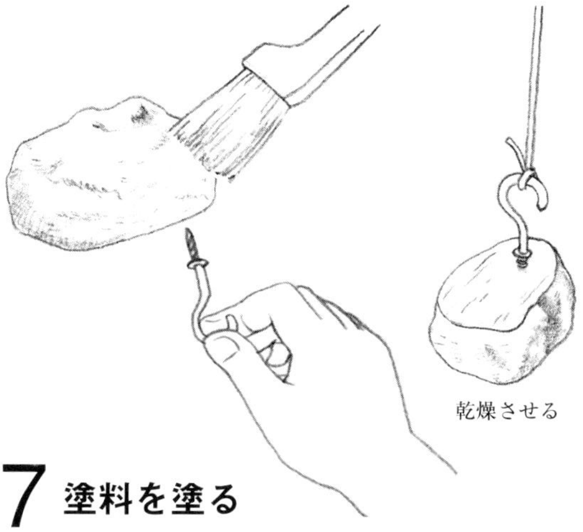

7 塗料を塗る

塗料は塗らなくてもよいが、光沢を出すならニスやラッカー、濡れ色にするなら木彫オイルなどを。

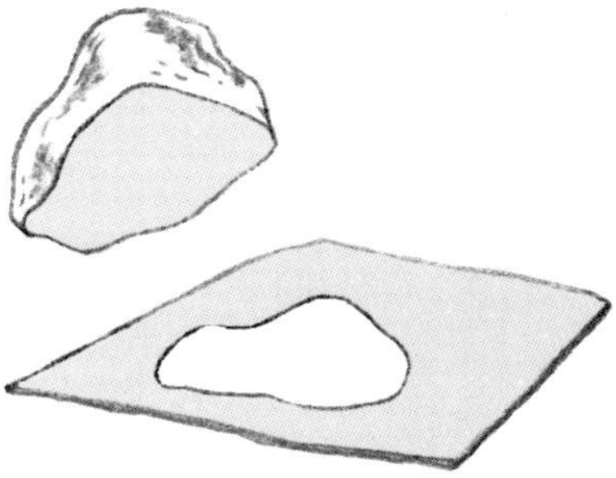

8 フェルトを張る

底部にまんべんなく木工ボンドを塗り、平らな面に敷いたフェルトに押しつけ、一晩おいて切りとる。

鉛を埋めないで、底部にマグネットを張れば、マグネット・メモクリップになる。

COLUMN 万力（バイス）の活用

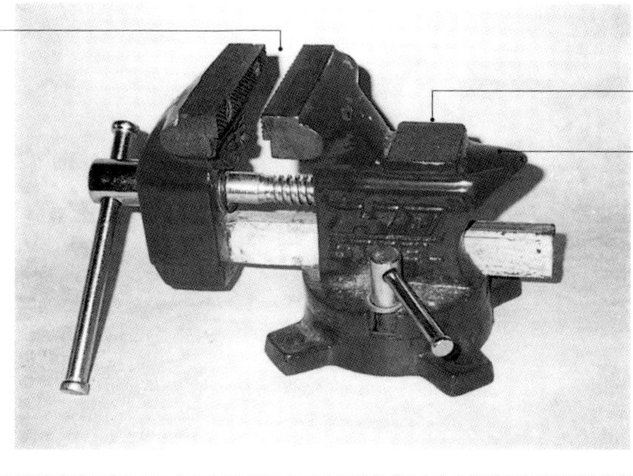

大きさも形もいろいろあるが、小型のもの（重量4～5kg）が一つあると便利。作業台に固定するようになっているが、固定しなくてもよい。

COLUMN 鉛の扱い方

鉛は鉄に比べて1.5倍ほど重く、低い温度で溶けるので、オモリには最適の扱いやすい金属。ペーパーウエートだけでなく、ランプのベースなどに重さが必要なときは鉛を使ってみよう。

ただし、低い温度で溶けるといっても、融点は327.4℃。体に落とすとひどい火傷をするのでくれぐれも注意が必要。

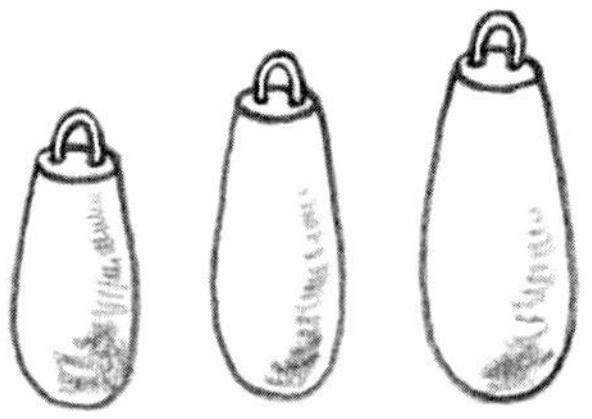

10号 40g　15号 60g　20号 80g

①鉄製の缶詰のフタを2/3ほど開け、一部を押しつぶして注ぎ口にする。

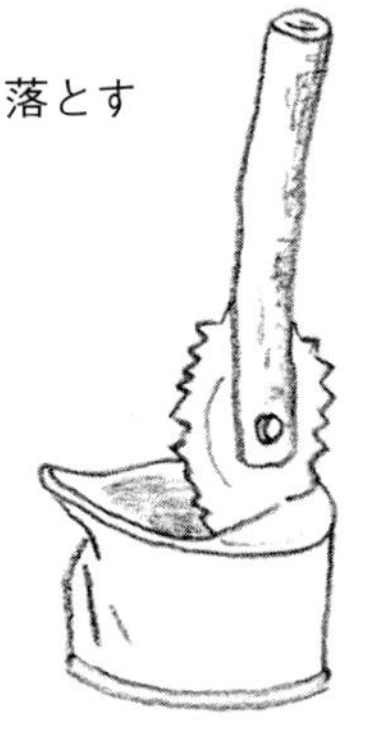

②折り曲げたフタに木の棒をクギで打ちつけ取っ手にする（取っ手の代わりにペンチで押さえてもよい）。

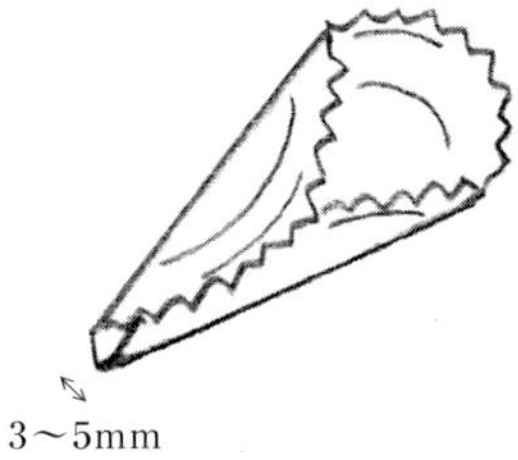

③別の缶のフタでジョウゴをつくる。プルトップをペンチなどで押さえるようにすると便利。ジョウゴの先端の穴は3〜5ミリぐらいにする。ジョウゴを使うのは、木の内部が大きな空洞になっているケース。

1 鉛の入手

大量に使うのでなければ、釣具店の魚釣り用オモリで十分。大きさがいろいろあるから、手頃なものを溶かす。

2 鉛を溶かす道具

鉛は鉄よりはるかに融点が低いので、鉄製の缶詰カンで簡単に溶かすことができる。缶詰の空きカンでヒシャクのようなものをつくると便利。

3 鉛を溶かす

缶をガスレンジにかけ、水分を完全にとばしてから、やや多めに鉛を入れる。とろ火でも2〜3分で液状になる。

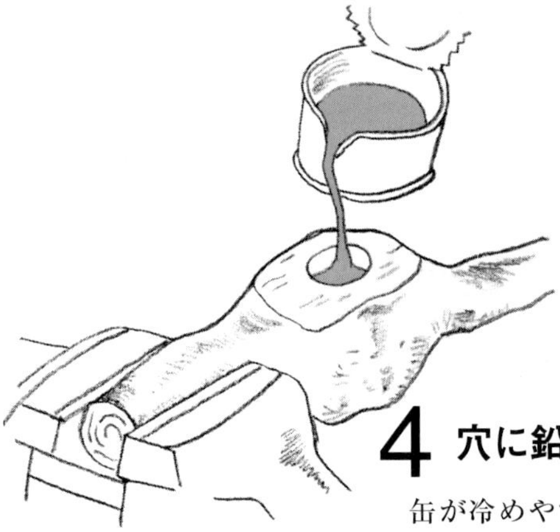

4 穴に鉛を注ぐ

缶が冷めやすいので、なるべく手早く注ぐ（ただし、あわてないで）。すぐに固まるが、熱が冷めるまで待つ。

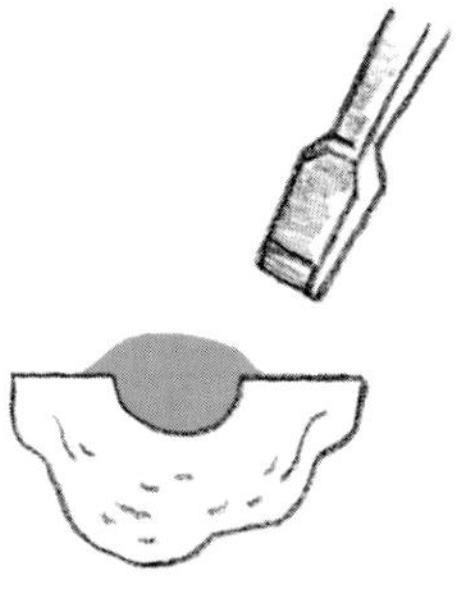

5 飛び出した部分を削る

鉛は盛り上がって固まる。穴の上に出たときは、ナイフやノミで少しずつ平らに削る。柔らかい金属なので、薄く削れば刃は大丈夫。

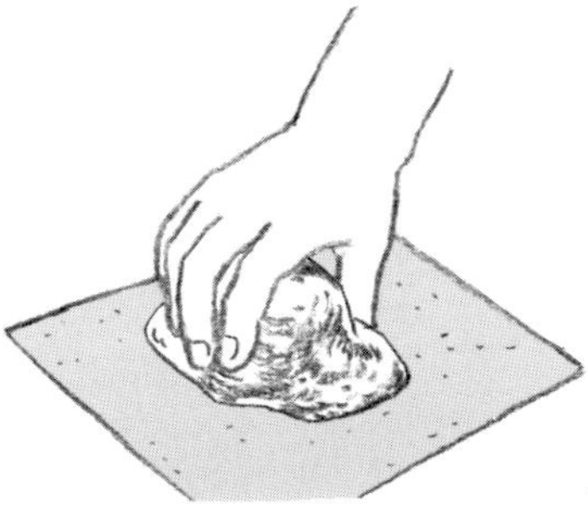

6 平らにする

サンドペーパー（80番ぐらい）の上に載せ、埋め込んだ木と共に磨いて平らにする。

WILD CRAFT
PART 6

玄関に置く

枝の出っ張りを利用して物干し竿をかける、枝やツルのたわみを利用してタモ網の枠をつくる、一カ所から分岐した枝を利用して農作業のフォークをつくるなど、昔の人は自然の恵みを上手に利用していました。

いま、これらの道具はほとんどプラスチックか金属ですが、いくつか森の木を利用してつくってみました。形も使い勝手もそれほどよいとはいえないのですが、なんとなく穏やかな、落ち着いた気分にさせてくれます。

遺伝子の中に、はるか昔の質感や手ざわりといったものが記憶されているのでしょうか。

自然の枝のハンガー

自然の木の枝に、帽子やネクタイを掛けてみたい。
ケイタイをひょいと掛けて、電源を切るのもいいかもしれない。

ポールハンガー

右の素材は、p79の「小物かけ」の下部である。この木は、一カ所から3方向に枝を伸ばすらしく、「小物かけ」にした先端部分は、ほとんど正確に120度間隔に3本の枝がでている。

しかし、常に強い西風が吹きつける場所なので、西側の枝は成長することができず、風下の枝だけが生き延びたのだろう。ものを掛けるのに都合のよい形に残っていた。

(カラーp70参照)

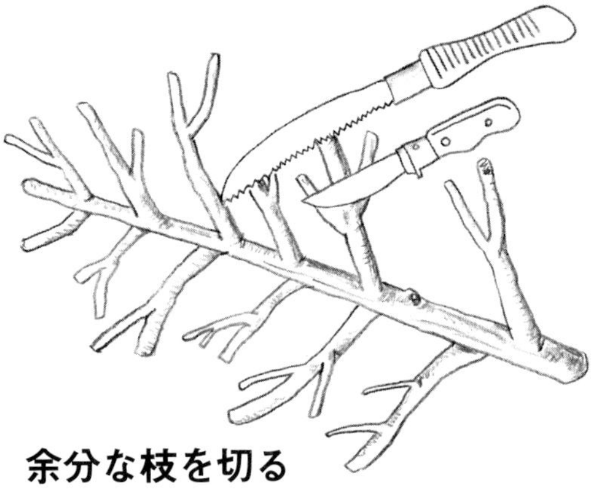

1 余分な枝を切る

大きすぎて持ち運びが困難なときは、使う（つくる）ものの形に合わせて切る。ただし、ある程度余分を残しておくことも大切。長すぎる枝、多すぎる枝も切り取る。10mm以下の細い枝はノコを使わずナイフで切る。

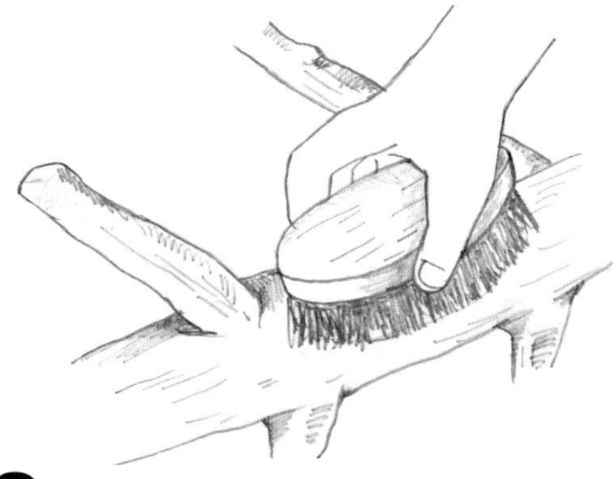

2 汚れを落とす

ワイヤーブラシ、タワシ、歯ブラシなどで汚れや腐食部分を落とす。樹皮はナイフでていねいにむく。

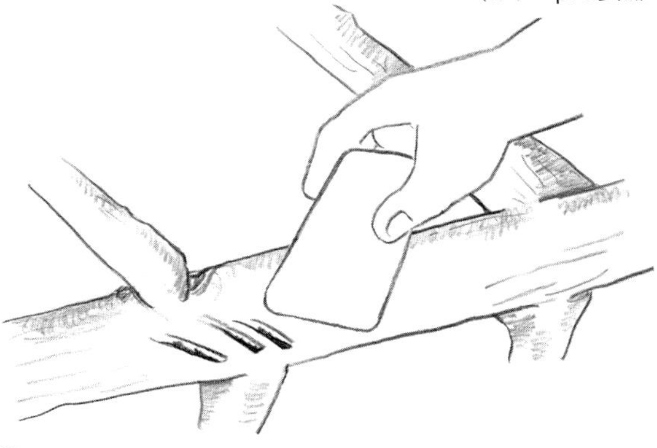

3 傷を修復する

折れそうな枝や裂け目、チェーンソーの傷などがあるときは、パテを埋めて修復するのもよい。傷跡もその木の歴史だから、そのままでもよい。

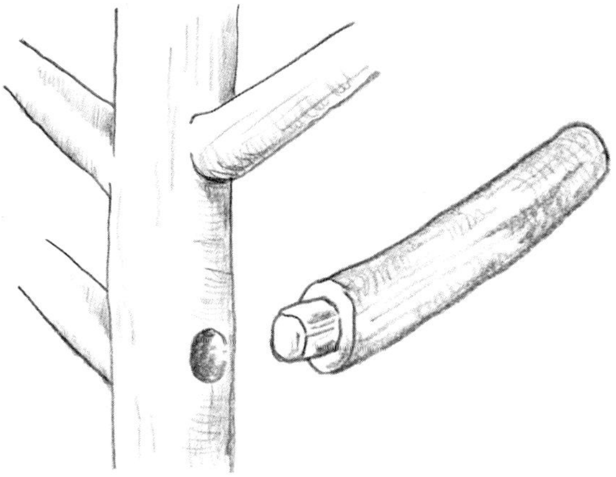

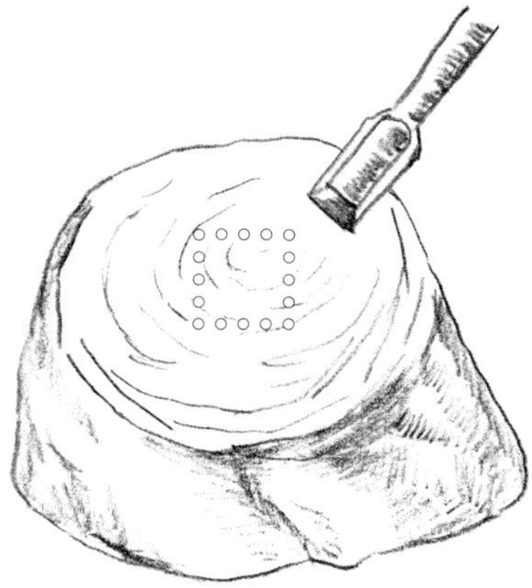

4 枝を補足する

適当なところに枝がないときは、切り取った余分な枝で補足する。

5 組み接ぎ

ポールが大きいときは、重みのあるベースを選び、ホゾ穴を深くする。大きいホゾ穴は円よりも四角のほうが作業がしやすい。

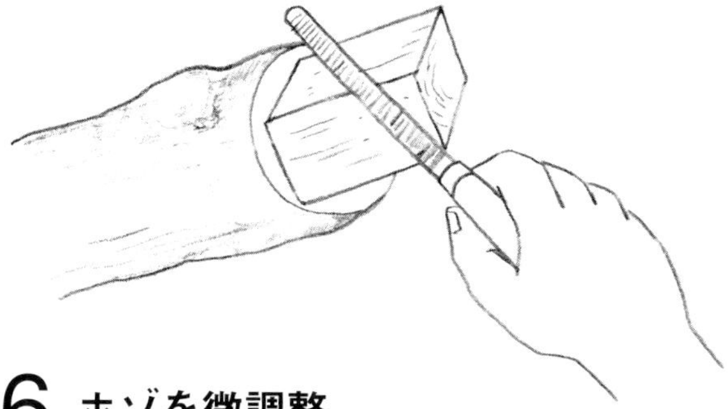

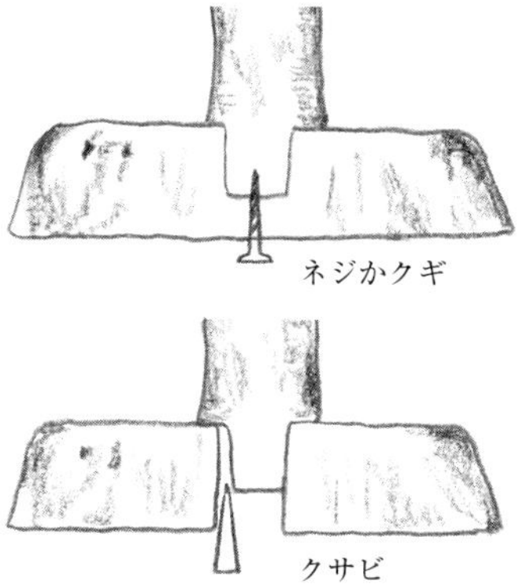

6 ホゾを微調整

ホゾ穴の修正はむずかしいので、ホゾをやや大きめに切り出しておき、ナイフや木工ヤスリで調整する。

7 ポールを立てる

ポールを垂直に立てる。ベースの下部からネジまたはクギを打って固定する。まっすぐに立たないときは、ホゾ穴を貫通させてクサビで調節する。

自然の枝を利用したハンガーのいろいろ

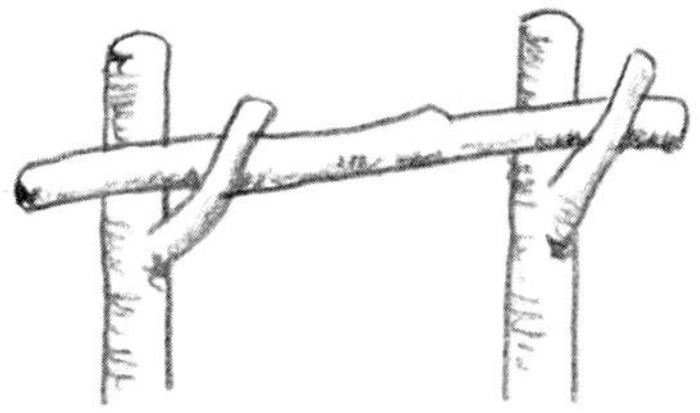

A　長いものをのせるフック

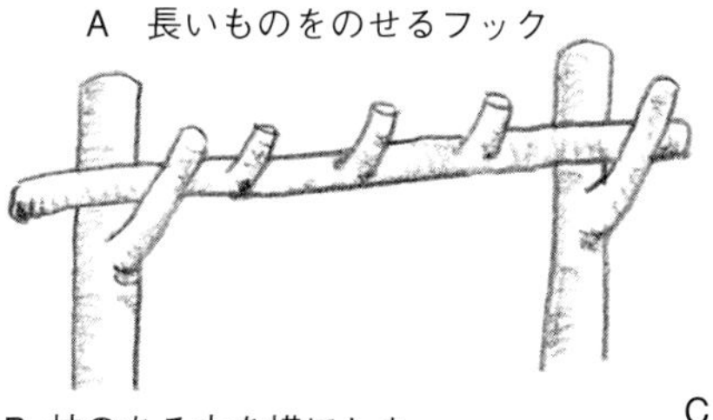

B 枝のある木を横にしたコートフック

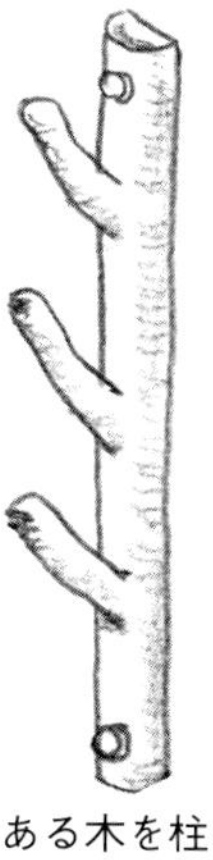

C 枝のある木を柱や壁に打ち付けたフック

ケヤキの木の帽子かけ

自然木のラック

殺風景なベランダも、自然の木を置くと
雰囲気が一変します。

（カラーp71参照）

太いフジのラック

大胆にねじれたフジの太いツル。似たようなカーブが２本あったので、これを支柱に棚をつくった。

フジでなくても、２本の似たような木があればなんでもいい。枝の伸びぐあいや形のおもしろさを利用すればいいわけだ。棚板も小枝を並べるとワイルド感が増す。

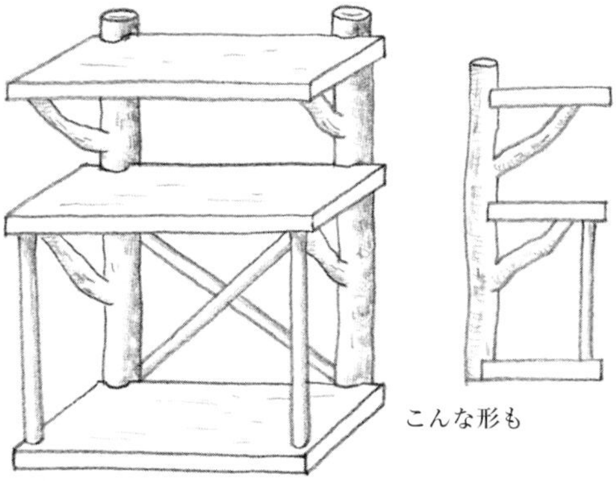

1　枝を利用した棚

張り出した枝に板を乗せた棚。前の支柱とスジカイで補強する。板の代わりに木の枝を並べるのもよい。

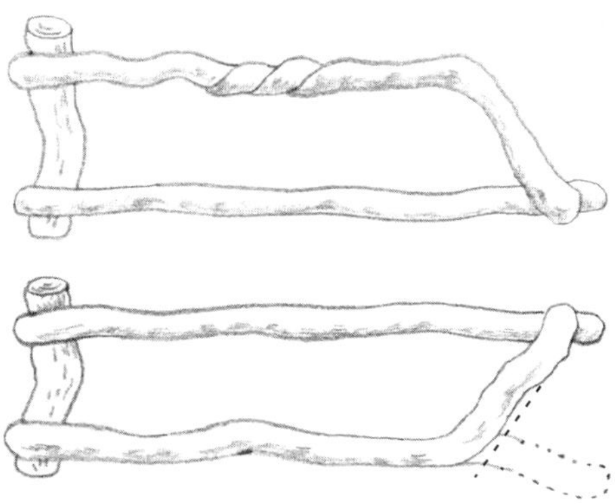

2　支柱（枠）を選ぶ

曲がり具合や枝ぶりの似たものを２本選び、なるべく左右対称の枠をつくる。

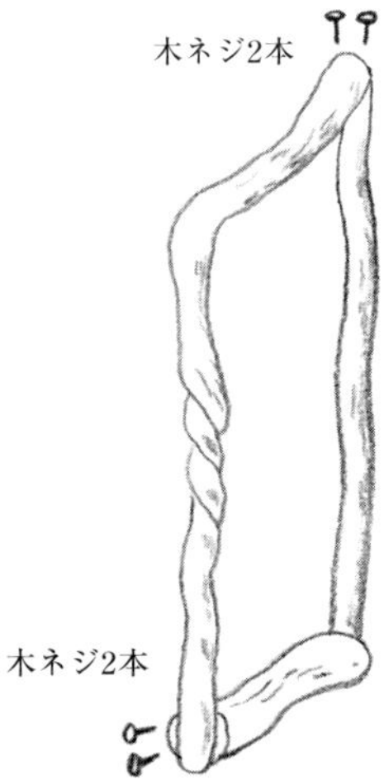

3　基底部の材料

基底部を丈夫にするため、基底の板や丸太はしっかりしたものを使い、長いクギやネジでしっかりとめる。

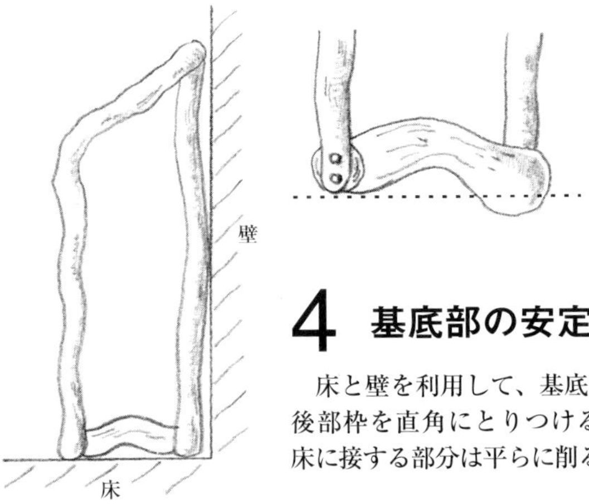

4　基底部の安定

床と壁を利用して、基底と後部枠を直角にとりつける。床に接する部分は平らに削る。

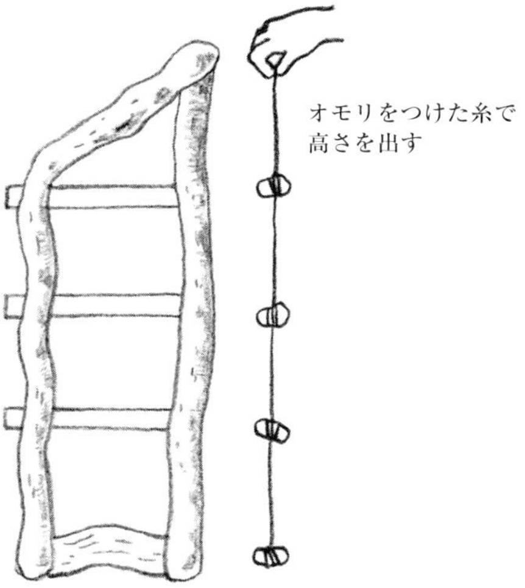
オモリをつけた糸で
高さを出す

5　棚の高さ

曲がった枠は高さを測りにくい。床から曲尺を利用したり、オモリをつけたヒモで左右の枠の高さを決める。

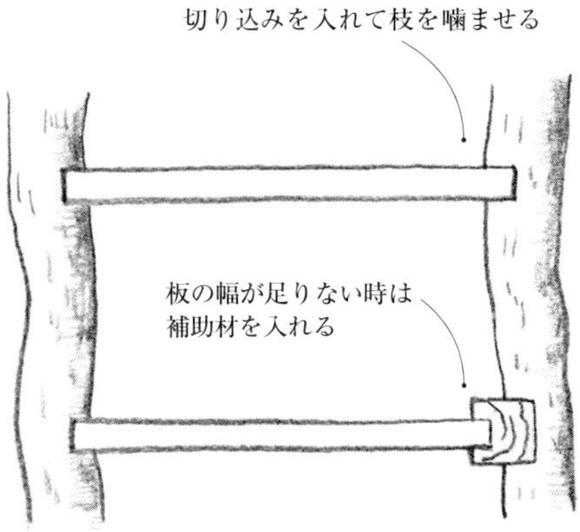
切り込みを入れて枝を噛ませる
板の幅が足りない時は
補助材を入れる

6　棚の固定

枠の曲がりや太さによって、枠の切り込みを増減したり、板を削ったりして調節する。

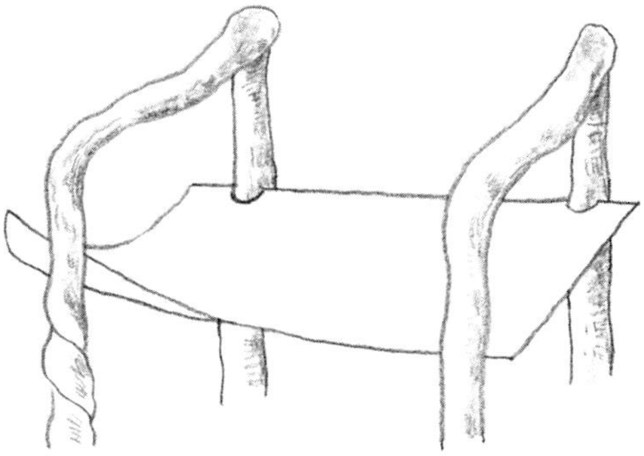

7　ボール紙で型を取る

枠の形に板を切り込むときは、ボール紙などで型紙をつくるとうまくいく。

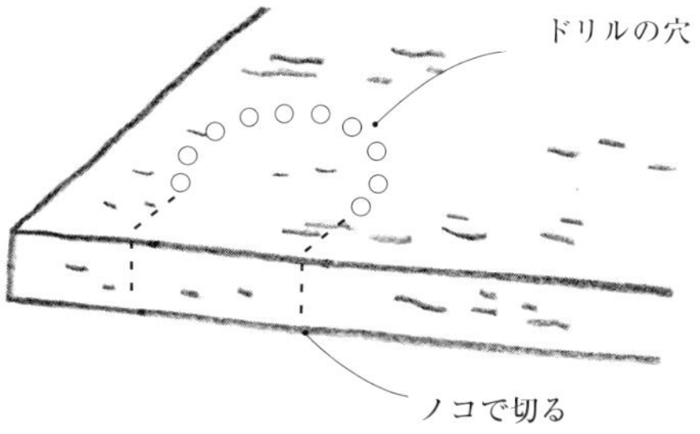
ドリルの穴
ノコで切る

8　板に切り込みを入れる

曲線のカットは糸ノコで。糸ノコがないときはドリルで連続的な穴をあけ、ノミで削ってナイフや木工ヤスリで微調整。

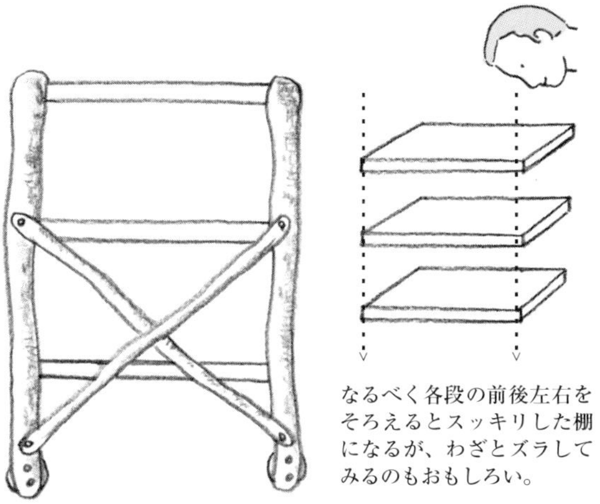
なるべく各段の前後左右を
そろえるとスッキリした棚
になるが、わざとズラして
みるのもおもしろい。

9　スジカイを入れる

床に立ててみてグラグラするときは、斜めにスジカイを入れる。

10　仕上げ

ナイフで切り口や板のエッジを削る。室外に置いたり、濡れる使い方をするときは、木材の外部用塗料（ウッド・ガードなど）を塗る。

ツルと小枝の傘立て

籐の傘立てをよく見かける。籐は日本にないので、ヤマブドウでつくってみた。

水に強いヤマブドウで

ヤマブドウのツルは、昔からカンジキという雪靴用の道具に使われているくらいで、水に強く丈夫なものだ。というわけで傘立てをつくった。

太いツルではフジが作業しやすいが、フジは水に弱く（だから水につけるとよく曲がる）木肌も美しいとはいえない。その点ヤマブドウは頑丈で、鉄サビ色の木肌もけっこうきれいだから、傘立てにはうってつけである。

（カラーp71参照）

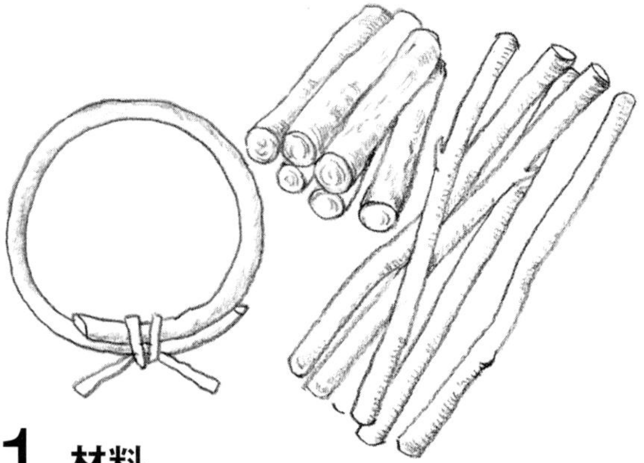

1 材料

直径15mmぐらいのやや太いツルを、直径25cmぐらいの輪にして縛り、よく乾燥させる。支柱は5本（60cmぐらい）、ベースには太めの枝５、６本用意する。

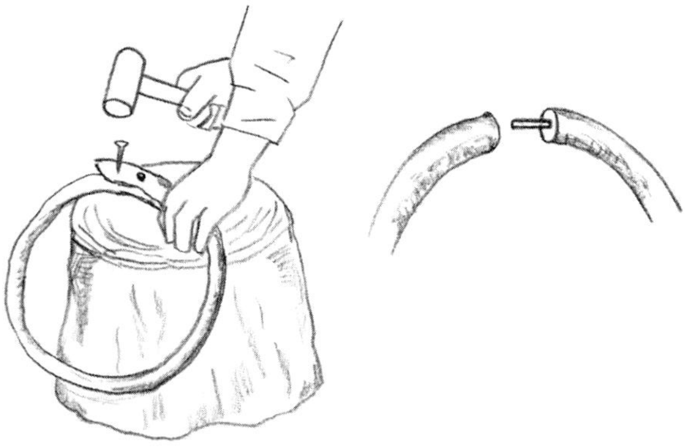

2 上下の輪をつくる

輪は２重にしてクギでとめるか、中心部にドリルで穴を開け、竹クギと接着剤でとめる。クギはしっかり作業台に密着するようにして打つ。

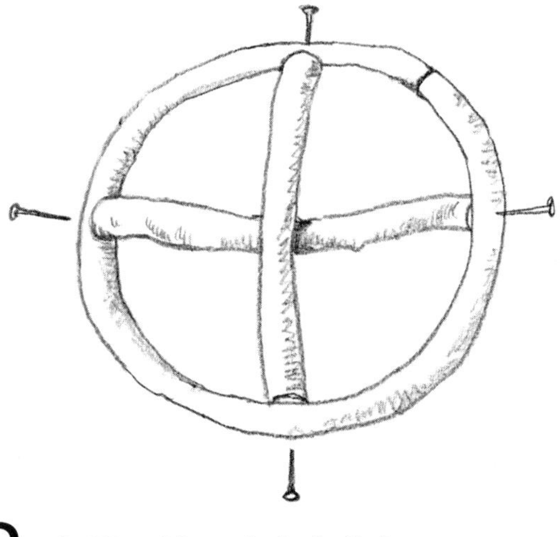

3 上部の輪に十字を入れる

輪の補強と傘の支えに木の枝で十字を組み入れる。輪がしっかりすると、支柱のクギを打つのが楽。

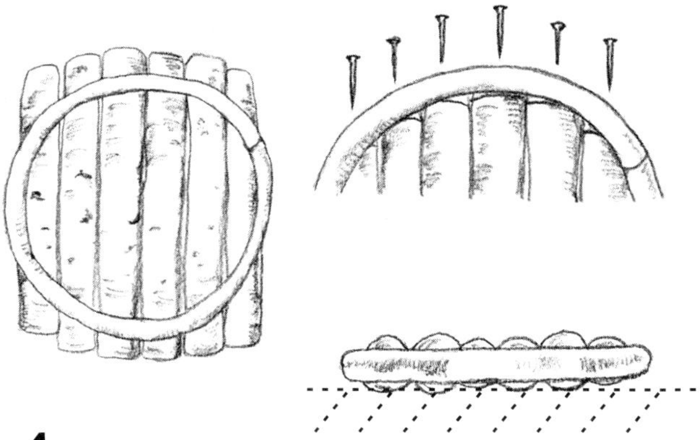

4　ベースを重くする

安定をよくするために、ベースには太めの枝を並べてクギで固定する（ベースは丸太の輪切りが理想的だが、この太さの輪切りは入手困難）。底にデコボコがある場合、ナイフやグラインダーで削って安定させる。

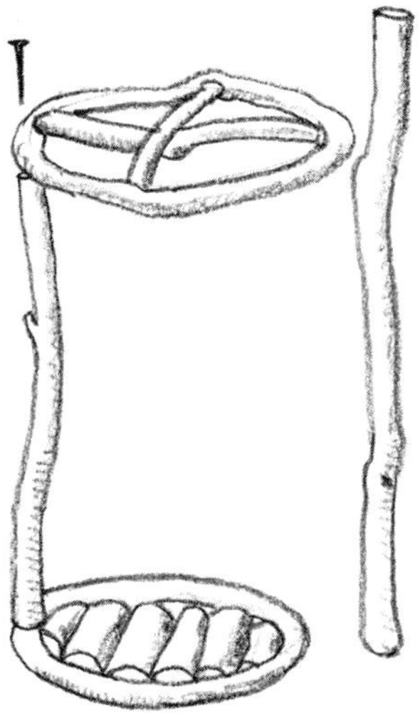

5　支柱を立てる

支柱の枝は長めのものを用意し、１本ずつ長さを合わせながら切り、クギで打ちつけていく。

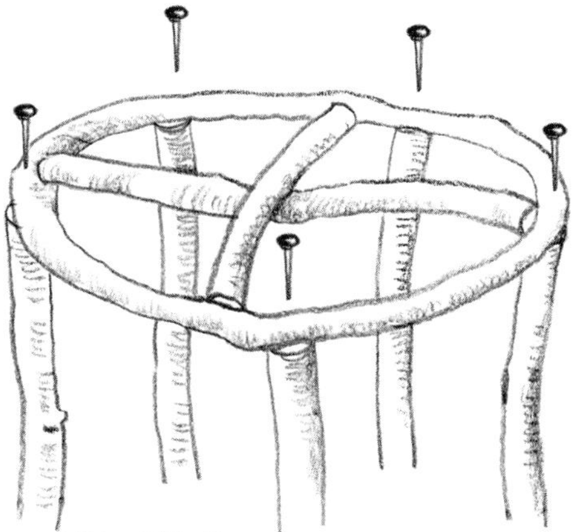

6　一応、完成

このままでも使えないことはないが、ねじれに弱いので、補強を考える。

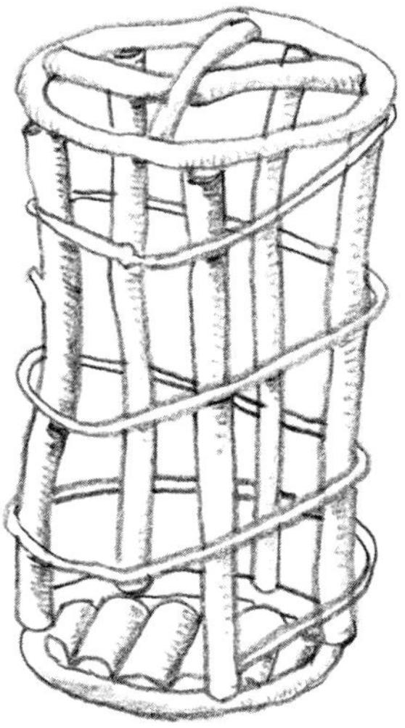

7　ツルで補強する

ツルを巻くことでスジカイの役を果たしてくれる。カゴ風に全体に巻いてもよいが、少々うっとうしいので、螺旋状にツルを巻いて各支柱にクギでとめるのがよさそう。

COLUMN

「削る」「磨く」に威力を発揮する ディスク・グラインダー

円盤状のヤスリを高速回転させて「削る・磨く」道具。本来の用途は溶接面や金属の研削、仕上げ、刈り払い機や耕耘機などの刃物の研削というハードなもので、コンクリートや石も削れる。

木工でもホゾを切り出したり、揺り椅子のロッカーを削ったりするのに威力を発揮する。砥石や研磨ペーパーの代わりにワイヤーブラシを装着すると、腐食部分をはじき飛ばすことができる。ただし騒音とホコリがひどく、ワイヤーも飛び散るので防護メガネとマスク、厚い作業着が必要。

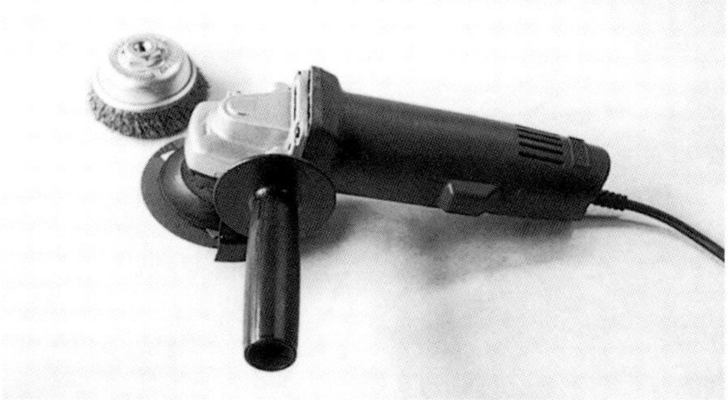

クラフト雑感

「山で見よいと嫁さんは」

この本にある作例ぐらいなら、特別な作業台は必要ありませんが、それでも小型のものはあったほうがいいでしょう。作業台といっても、テーブル型の本格的なものではなく、クギを打ったりノミを使ったりするときの台です。

マンションなどで、床で直接作業すると、音や振動がご近所に響きますが、分厚い木製の台を使うと、音も小さくなって振動も吸収されます。

何年か前、大雨台風のあとの多摩川に流木を探しに行きました。かなりの水量だったとみえて、いつもはサッカー少年やアウトドア家族のバーベキューでにぎわうところが、地面はぬるぬるで人影はまばらです。

あちこちに流木の山（ほとんどはカヤ、ウド、ススキほかの草の茎）があって、そのなかに太い丸太がありました。直径30cm、長さ60cmほどのクリの木で、なかなか魅力的です。動かしてみましたが、水につかっていたせいかすこぶる重く、駐車場から100m以上も離れているのであきらめました。

ところが翌日。どうもあの丸太が気になって仕方ありません。一目ぼれした女性に声をかけたものの、お茶も食事もせずに放りだしてきた気分なのです。彼女はもう、誰かに拾われたのではないか。そう思うと矢も楯もたまらず、仕事を放り出して河原に行きました。

だいぶ前、山でタラの芽を探していたときに、出会った土地の人に「山で見よいと嫁さんは、見置くな」ということわざがあることを教わりました。

山でいいもの（山菜、キノコなど）を見つけたら（また嫁にしたいと思う女性に出会ったら）、すぐ採りなさい。後回しにすると場所がわからなくなったり、誰かに先取りされてしまいますよ、ということです。

幸いにも丸太は残っていました。泥まみれだし、とても抱えられる重さではないので、車の牽引用ロープを巻きつけて、なんとか車まで引きずりましたが、このときの感じがなんとも不思議でした。

河原の流木ですから、はばかることなく拾ってもいいのに、なにか悪いことをしているような、恥ずかしいことをしているような気分なのです。もしこれを、お店でお金を出して買ったならば、よい買い物をしたと誇らしい気持ちになるはずなのですが。

ものはお金を出して買うものだという、ヘンな価値観がしみこんでいるようです。

丸太はいま、２つに切られて、半分は室内用、もう１つは屋外用の作業台としていいパートナーになっています。

WILD CRAFT

PART 7

ベランダ（庭）で遊ぶ

ほしいと思うものが手に入らない、市販品に気に入ったものがないというときは、自分で工夫してつくってみてはどうでしょう。

形も色も自分の好きなようにやってみる。自然素材の場合は設計図なんか役に立ちませんから、作り方も臨機応変、自由です。たぶん昔の人も、誰に教わるのでもなく、自分で工夫していろいろなものをつくったのだろうと思います。

気に入った揺り椅子が見つからなかったので、枝のソリを利用して自分でつくりました。すると揺りカゴ、木馬がすぐできました。

木の枝の揺り椅子

ロッキングチェアは平和と豊かさの象徴。豊かではないが平和なものができた。

1本のケヤキの枝から

花壇が日陰になるからと、ケヤキの大きな枝が落としてあった。枝のカーブがロッカー（揺り板）になりそうなので、揺り椅子をつくることにした。

揺り椅子は平和と豊かさの象徴であるらしい。だから家具屋さんを覗いても、豪華で高価なものしかない。でも、素朴なものがほしかったので、自分でつくることにした。

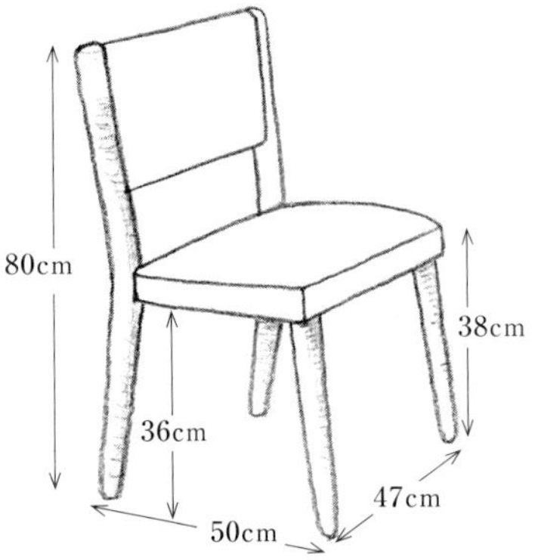

（カラーp74参照）

1 だいたいの形を決める

上は一般的な椅子のだいたいの寸法。この足を低くし、ロッカーをつければ揺り椅子になるので、つくりたい椅子の形を描いてみる。

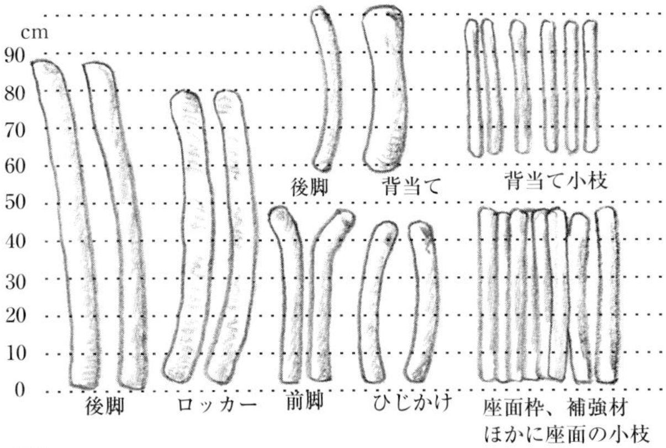

2 必要な部材を集める

だいたいの寸法を決めて部材を集める。自然の枝は寸法どおりにはいかないから、やや長めに切っておくことが大切。部材の形はイメージした形によって違ってくる。

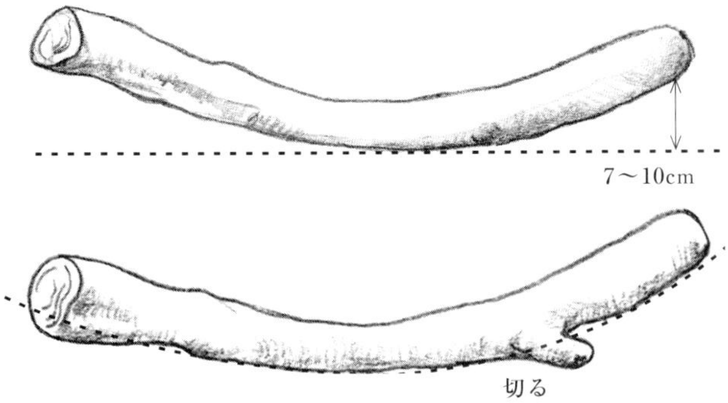

3 ロッカー（揺り板）をつくる

2本のロッカーのカーブ（ソリ）を同じように削る（できるだけなめらかに）。床に置いて両端が7〜10cm上がるようにする。

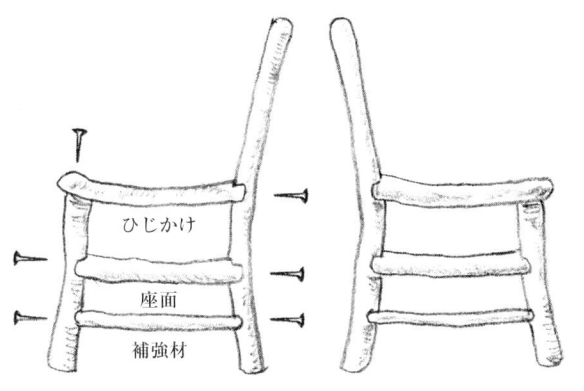

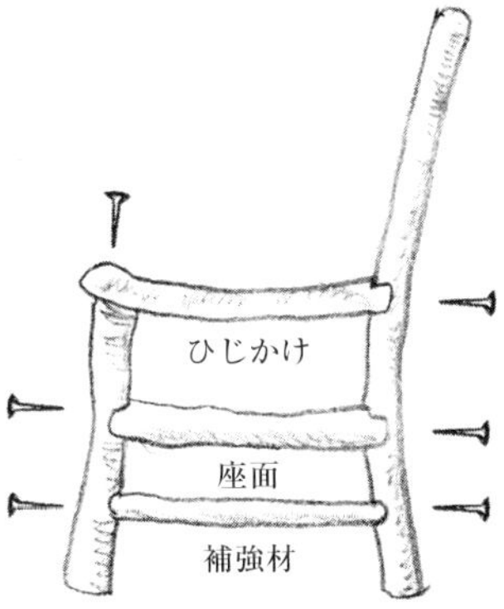

4 両サイドをつくる

左の前脚と後脚を座面の枝、ひじかけ、補強材の順に組み、木ネジで仮り止めする。右側も同様にすすめる。

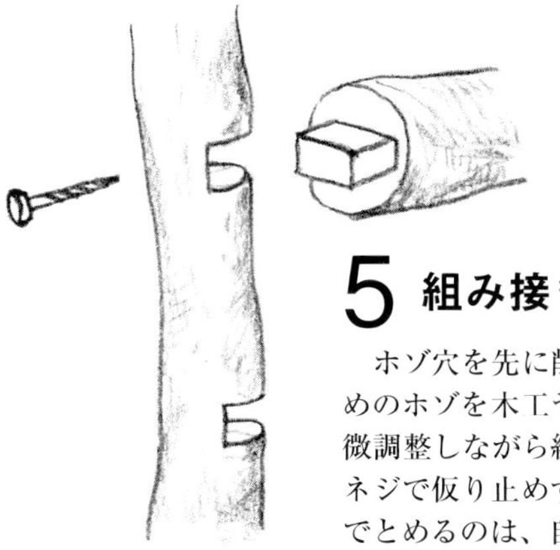

5 組み接ぎ

ホゾ穴を先に削り、やや太めのホゾを木工ヤスリなどで微調整しながら組み込み、木ネジで仮り止めする。木ネジでとめるのは、自然木の曲がりの都合で一部解体してやり直すことがあるため。

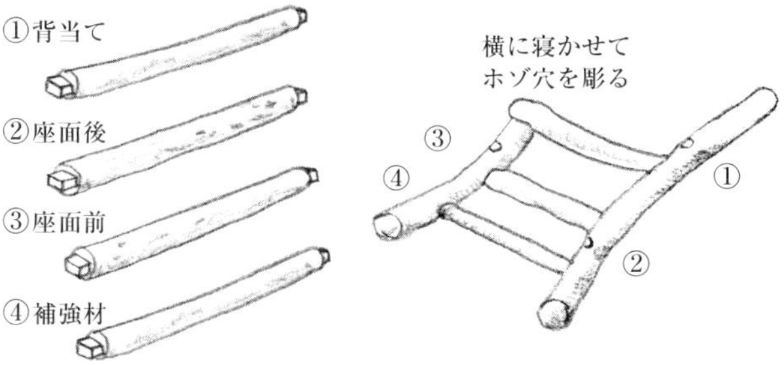

6 両サイドをつなぐ

両サイドをつなぐ。座面前後の横木、補強材、背当ての順に組むが、この時点でホゾ穴の位置を決める。座面は後ろに傾斜するように。

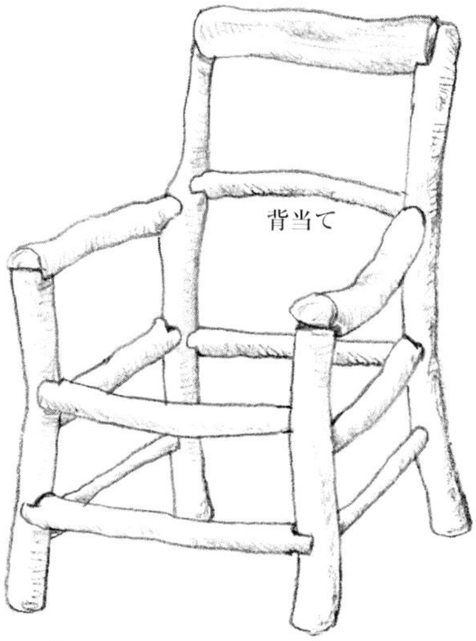

7 組み立てる

前後の横木、背当てを組み、ホゾ穴にしっかりたたき込む。揺らしてきしみがなければOK。きしみがひどい場合は仕上げの段階（12）でスジカイを打つ。

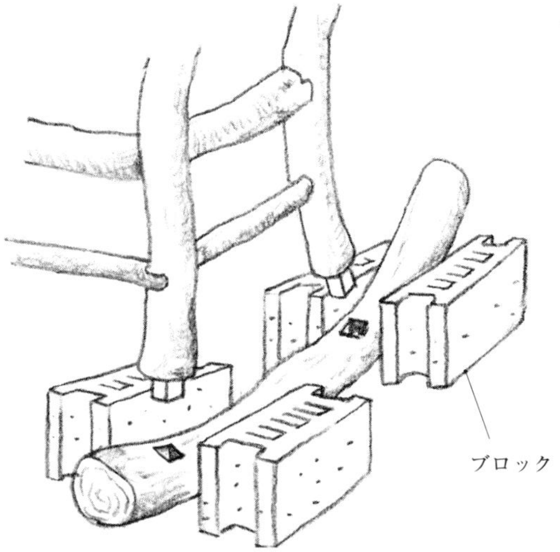

8 ロッカーをつける

ロッカーに椅子をセットする。脚の位置に合わせてロッカーに凹部を刻み、脚の凸部を組み込む。ロッカーは転びやすいのでブロックなどで押さえておく。

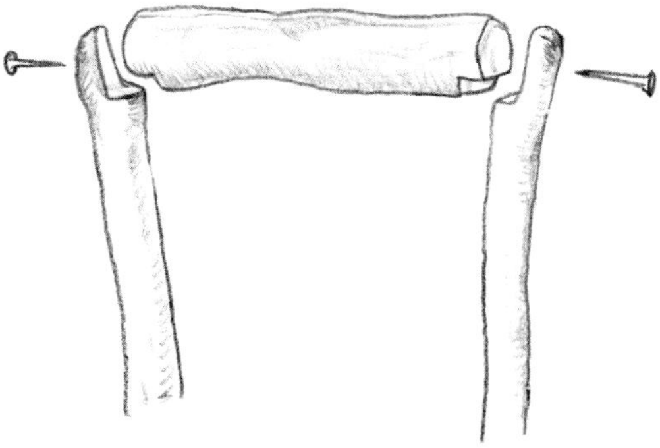

9 トップの背当て

太い枝など、やや重い背当てをトップにつける。これによっても揺れがよくなる。

10 ロープの座面

座面に枝や板を張る前に、ロープやツルを編んで腰かけてみる。椅子の強度や揺れぐあいをチェックするためだが、そのまま使用してもよい。

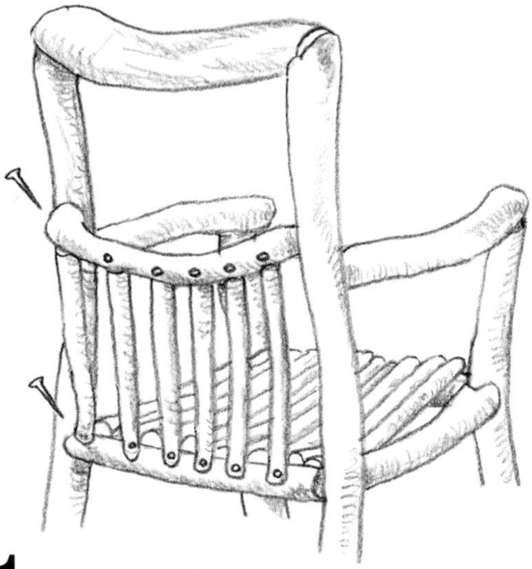

11 背当てをつける

本来は6～7の段階でやるべきことだが、忘れたので、最後にクギで打ちつけた。

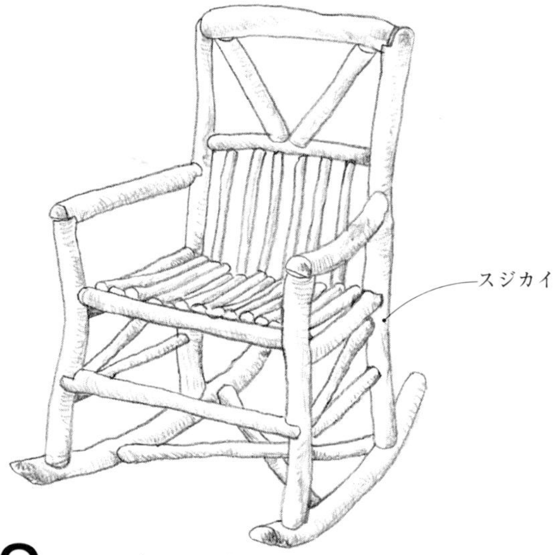

12 スジカイを入れる

全体の木ネジを締め直し、きしみがなければOK。きしみが大きい場合は、きしみの方向にスジカイを打つ。

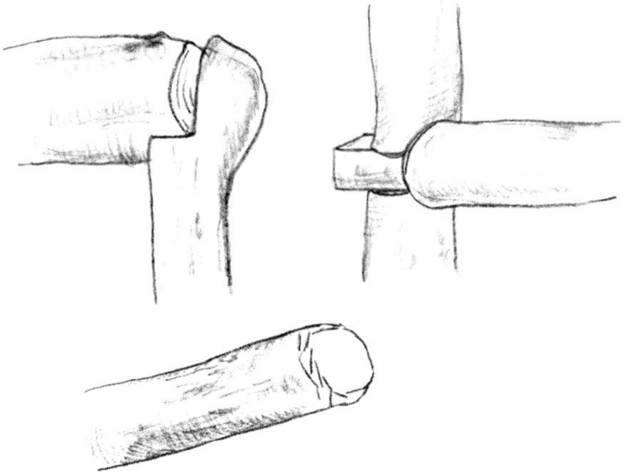

13 仕上げ

組み接ぎ部分の突起や部材の切り口をナイフで削って、丸く整える。

COLUMN

古い椅子が簡単に揺り椅子に

揺り椅子は、椅子にロッカーをつけたものなので、ロッカーさえあれば使わなくなった古い椅子を簡単に改造できる。

①ロッカーを用意する
②椅子の脚を７～８cm切る
③切った脚の先をホゾにする。
④ロッカーにホゾ穴を彫ってセットする
⑤ロッカーに補強の横木を渡して完成

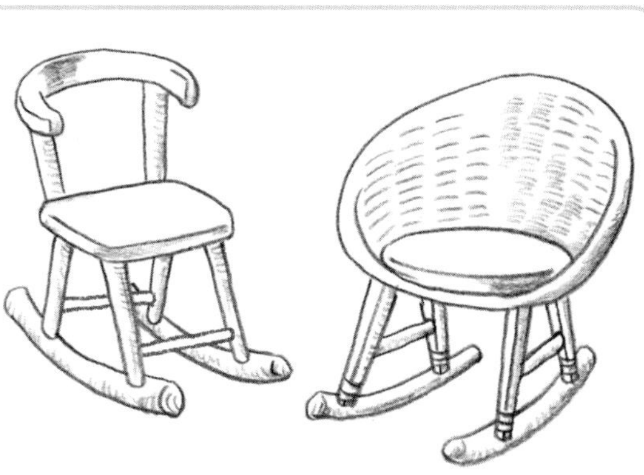

ツルの揺りカゴ

子どもは野生児に育ってほしい。そんな夢みたいなことを考えて……。

ありあわせのツルを使って

実は「揺りカゴ」というものを、本物も写真でも見たことがない。映画かなにかでチラッと見たような気はするけれども。

湾曲した太いフジのツルがあったので、これを枠に揺りカゴをつくることにした。赤ん坊が寝るスペースがあって、ユラユラ揺れるようにすればいいわけだから。

（カラーp75参照）

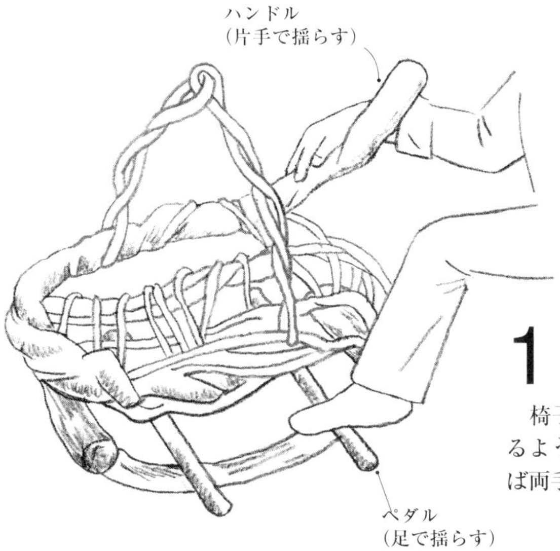

1 揺りカゴのデザイン

椅子に掛けたまま、床に置いた揺りカゴを楽に揺すれるように、ハンドルとペダルをつけたい。ペダルを踏めば両手はあくから、読書や編み物もできるというように。

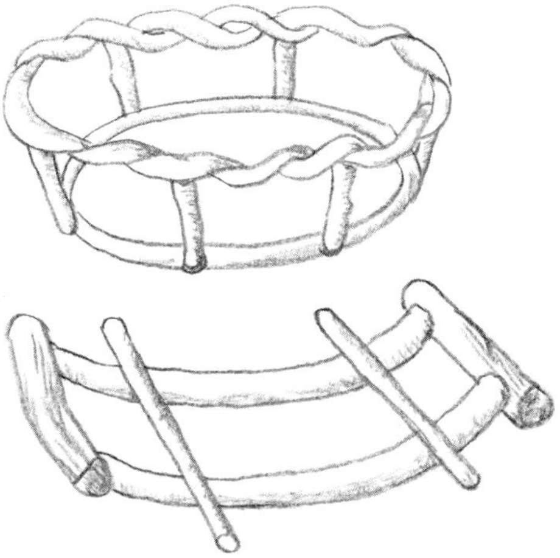

2 揺りカゴの基本

構造は簡単、ロッカーの上にカゴを乗せれば揺りカゴになる。

3 ロッカーがあれば

ロッカーがあれば、上に木箱や段ボール、市販のベビー・バスケットを乗せても、立派な揺りカゴになる。また、ユラユラ揺れるフラワースタンドにしてもいい。

●ロッカーをつくる

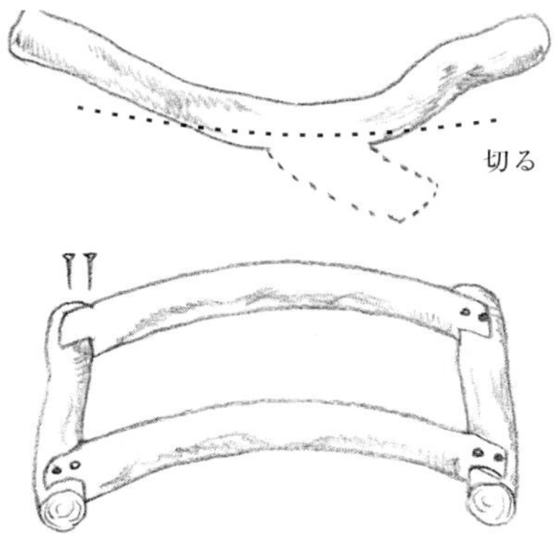

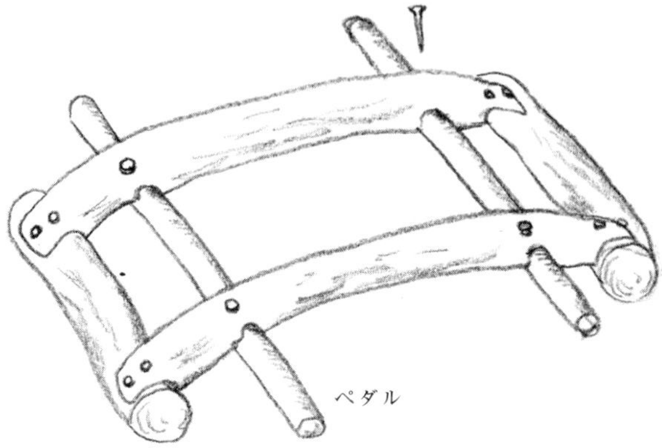

1　カゴよりやや長めに

カゴよりやや長めのロッカーを用意する。カーブは中央を接地させて両端の高さが7～10cmぐらい。なるべくクギやネジが表面にでないように裏からとめる。

2　ペダルをつける

補強材兼ペダル兼カゴの台の横木を2本渡す。ペダルの長さは10cmぐらい、作例では4つあるが1つか2つでもよい。

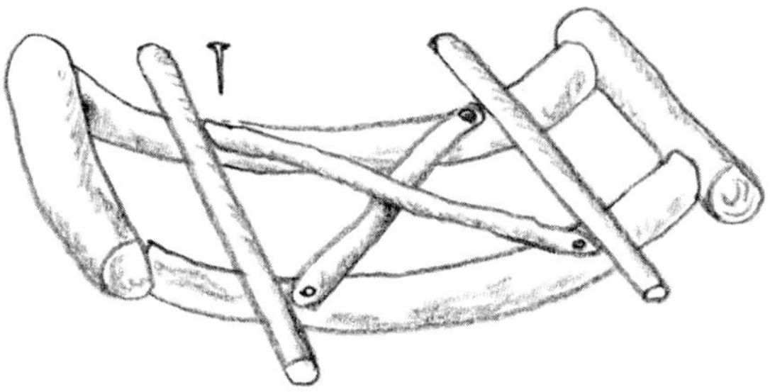

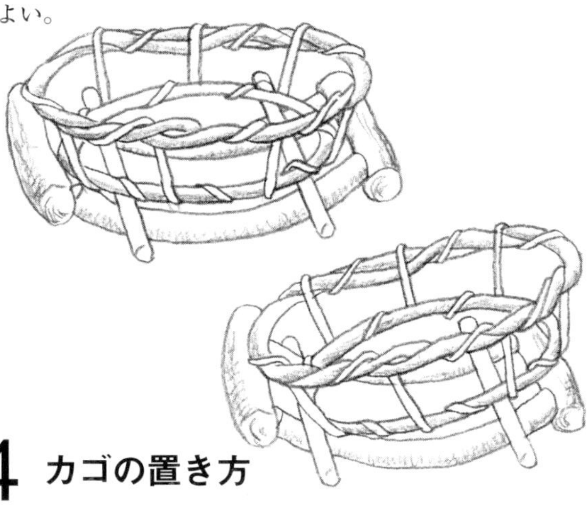

3　スジカイを入れる

外枠だけでは弱いので、斜めにスジカイを入れる。これはカゴの台にもなる。

4　カゴの置き方

カゴは水平に置いてもよいし、少しずらして斜めに置いてもよい。

●カゴをつくる

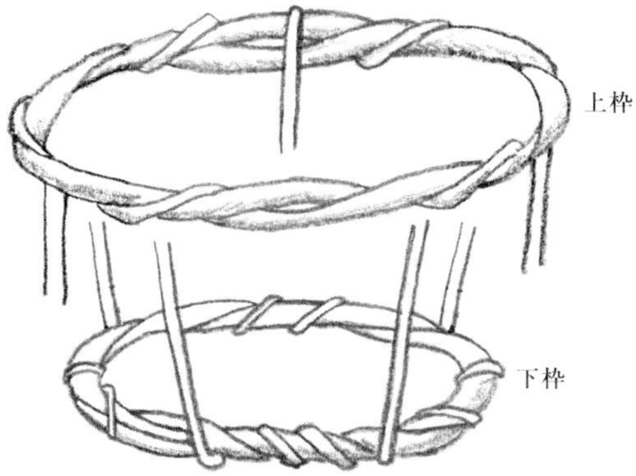

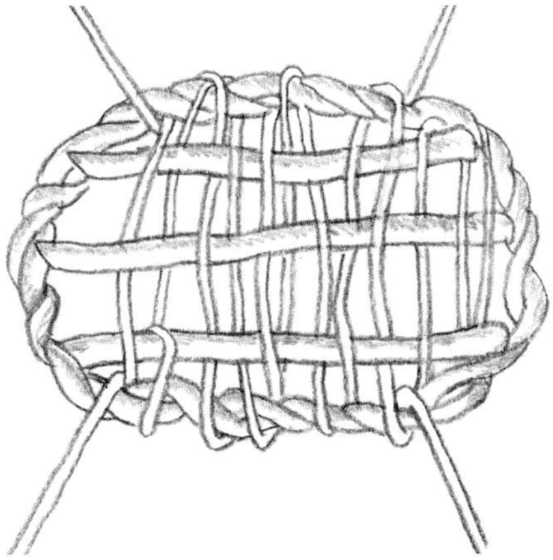

1　カゴ枠の構造

奇数（5本か7本）の支柱ができるように。たとえば下の枠から4本、上の枠から3本のツルを出す。

2　底を編む

支柱用のツルを出しながら、底を編む。実際の使用にはマットを敷くので、あまりきっちり編まなくてよい。

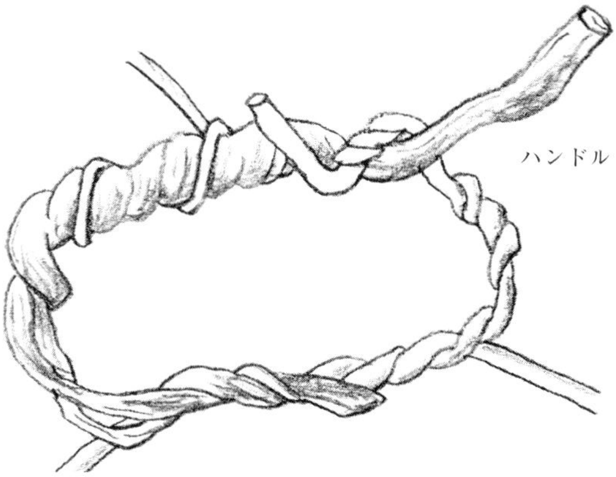

3 上枠をつくる

上枠の輪を、支柱を出しながらつくり、ハンドルを取りつける。ハンドルは別の木の枝などでよい。

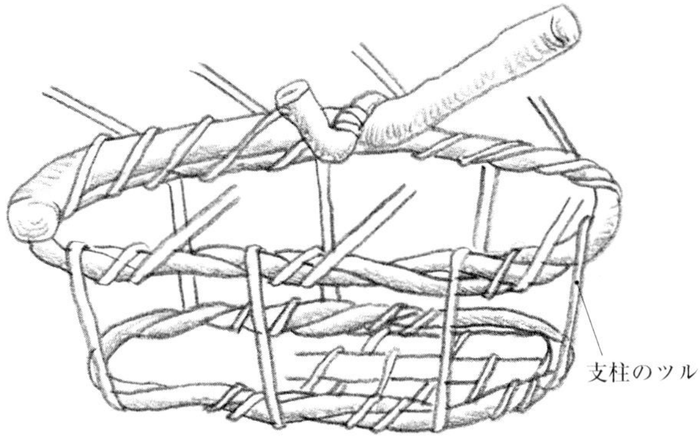

4 上枠と底のセット

上枠と底を支柱のツルでセットする。カゴの高さは15～20cmもあれば十分。

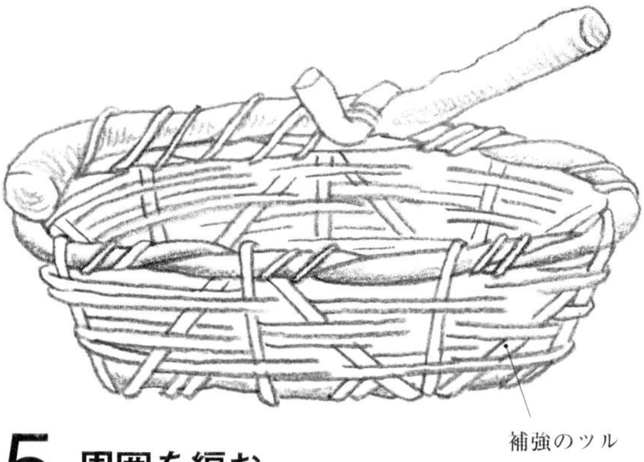

5 周囲を編む

きっちり編まなくてよいが、ずり下がらないように斜めに補強のツルを絡める。

6 取っ手をまとめる

作例では、両側の支柱のツルを利用して、持ち運びのための取っ手をつけてみたが、なくてもいい。

COLUMN

ジェロニモの揺りカゴ

「太陽のぬくもりのなかで、風やさしく揺さぶられ、木立に守られながら育った」

アパッチの戦士ジェロニモは、幼いころをこう語っている。アパッチの赤ん坊は、背負っても馬にくくりつけても安全な「背負い子」に入れられていたが、これは木にぶら下げると快適な「揺りカゴ」になった。

すると、ベビー・バスケットなどを木にぶら下げれば、ハンドルもペダルもいらない揺りカゴになるわけだ。

流木の木馬

シーソー、ブランコ、木馬……、子どもたちは揺れるものが大好きだ。いや、大人だって。

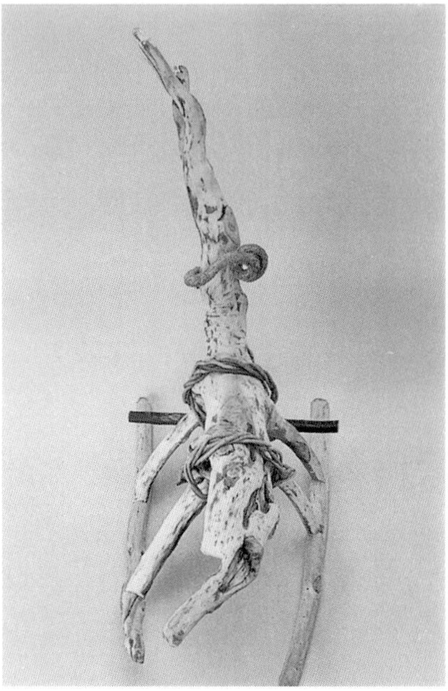

ゴミから生まれた恐竜木馬

大雨台風のあと、河川敷に行くと大量のゴミがあちこちに積み重なっていた。ゴミといっても大半はカヤやヨシなどで、その中に根こそぎ流された柳が１本埋もれている。

根の形、そこから何本も伸びる幹の形がおもしろいので、その場で切り出し、大ざっぱに泥と樹皮を落として拾ってきた。

何をつくるかずいぶん迷ったが、とうとう孫の木馬になった。

（カラーp75参照）

さて、何をつくるか

上は拾ったときのもの。そのまま庭や居間にポンと置いても、オブジェとして楽しい。花器をセットしてフラワースタンドにしてもいいし、頭にツルを編んだボールを乗せれば恐竜の曲芸みたいにも見える。大きなシェードをかぶせれば巨大で風変わりなランプになるだろう。

でも、そんな大きな居間はないので、ベランダで遊ぶ木馬になった。

1　不要部分を切る

根や幹の余分な部分、危険な突起などを切り取る。

脚は４本にしたいが、自然のまま使えそうなのは３本だった。

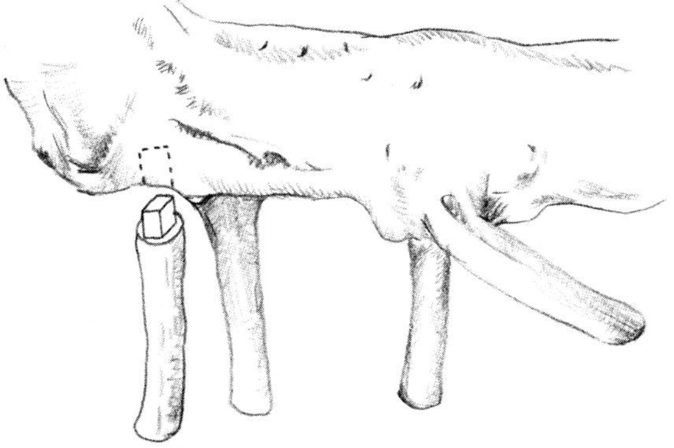

2 不足部分を足す

足りない脚は、切り取った枝で補足する。本体にドリルとのみでホゾ穴を掘り、枝を削ってはめ込む。

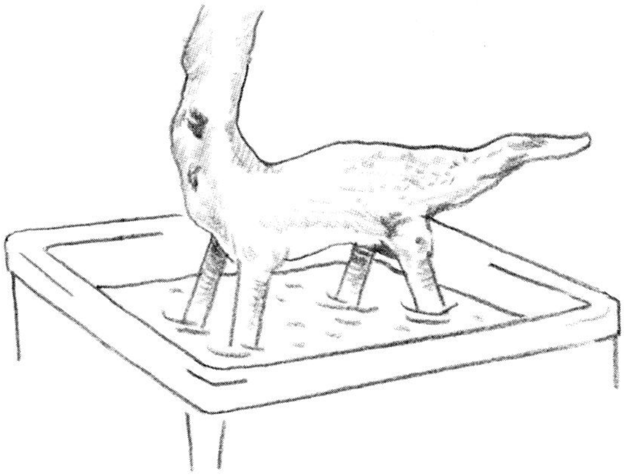

3 水平をとる

自然の枝はあちこちを向いているので水平を出しにくい。半分水を張ったおふろで水平の線を入れると正確。

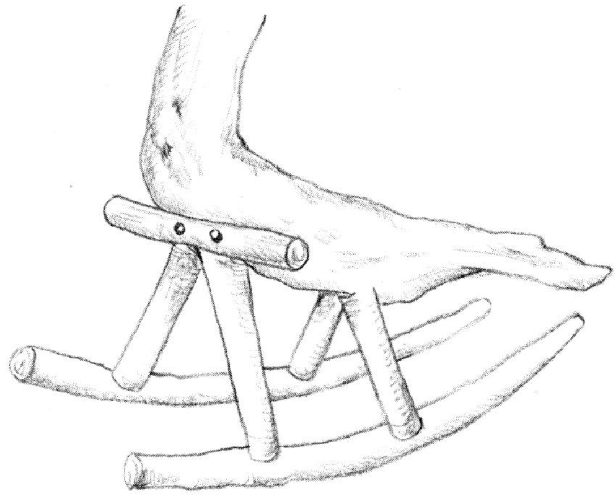

4 ロッカーとアブミをつける

ロッカーの取りつけ方は揺り椅子と同じ。子どもの足乗せ台として前脚に横棒を打ちつける。

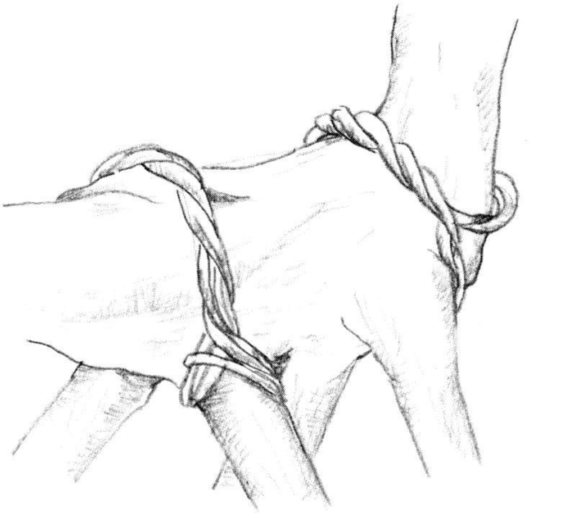

5 鞍をつける

首のほうに体重がかかると、つんのめる恐れがあるので、座る位置をツルで仕切って鞍とした。

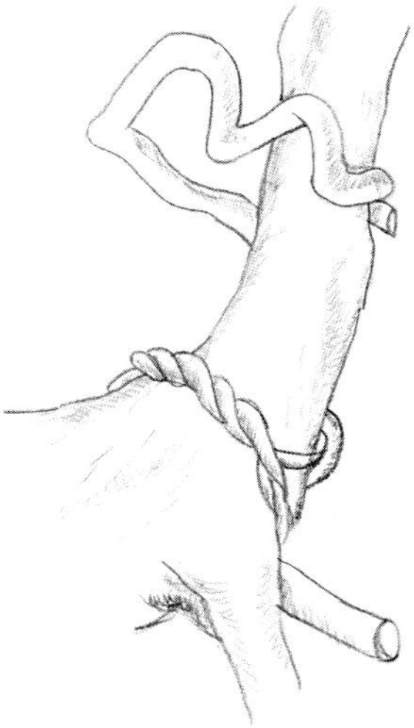

6 手綱をつける

体重が前方にかからないように、ツルの手綱を手前に張り出させた。

HINT 丸太にロッカーをつけても

木馬といっても、子どもたちにとっては必ずしも馬の形をしていなくてもいいらしい。脚が3本であっても、頭がなくてもあきずに遊んでいる。形よりも、体でバランスをとりながら遊ぶ、自分で揺らせることができる、ということがおもしろいのだろう。

その意味で大切なのはロッカーの揺れぐあい。これさえうまくいけば、自然の丸太を打ちつけただけのものでも十分楽しめるはずだ。

あとがき

昔話に「お爺さんは山に柴刈りに、お婆さんは川に洗濯に」とありますが、お爺さんは、ただ薪を集めるために山に行ったのでしょうか。いや、ついでに山菜や木の実も採り、家具や道具になりそうな木やツルなどがあれば、それをいっぱい背負って帰ってきたはずです。

実は人びとは、何千年、何万年もの間、このお爺さんのように暮らしてきました。

日々の食卓を海の幸や山の幸がかざるだけでなく、たとえば森の木は家を造る建材であり、炊事や暖房の燃料、用具や玩具をつくる重要な素材でした。また落ち葉は田畑の大切な肥料になりました。

そして森は、適度に人の手が加わることによって、新鮮な空気と日光を享受することができました。人と自然の共生です。

ところが科学技術の進歩によって、木製の用具はプラスチックや金属に、落ち葉は化学肥料に、燃料は都市ガスやプロパンガスに変わり、野山の山菜や木の実までお店で買うものになってしまいました。

以前、子どもたちは、自分で竹や木を削って遊び道具をつくりましたが、いまはペットボトルや牛乳パックを利用した玩具のほうが身近に感じられるようです。

このように私たちの生活は、自然からどんどん離れているのですが、一方では自然の大切さやすばらしさが盛んに強調されています。そして自然を保護するために、山に入るな、採るな、触るなといった禁止事項も多くなっています。

これではますます自然が遠くなると思うのですが、いかがでしょうか。ワイルドクラフトは、そんな時代の“自然を見なおす一つの試み”でもあります。

もう一つ、「どうしてワイルドクラフトを始めたのですか」とよく聞かれます。一言でいえば「自然の造形に魅せられて」ということなのですが、その他いろいろな魅力を列挙してみましょう。

「お金がかかりません」

まず、お金がかかりません。材料のほとんどは海岸や河原、野山で拾ったり採取したりするもので、イチゴ狩り、潮干狩り、紅葉狩り、キノコ狩りなどのついでに、ちょっと付近をブラブラしながら“素材狩り”をしてみればいいのです。

「特別な道具も技術もいりません」

自然の素材や形をそのまま、自己流に手を加えればいいのですから、特別な道具も技術もいりません。それに大量につくるわけでもありませんから、当初は小・中学生程度の工作能力があれば十分です。

「自然のアートが楽しめます」

道具や技術がなくても、けっこうステキなものができてしまいます。それはたぶん、人様が手を加える前に、すでに自然がアートしているからでしょう。それに自然の草や木のやさしい色や肌触りが、プラスチックや金属とはちがうぬくもりを与えてくれます。

「自然とふれあいます」

材料を探しに行けば、当然自然とふれあうことになります。森林浴はもちろん、爽やかな海風川風を満喫できます。また、自然のいろいろな面を観察する目も養われ、自然の豊かさ、すばらしさを再認識できます。それは人と自然の共生を考える機会にもなります。

「環境にやさしい作品ができます」

自然素材ですから、できる作品はほとんど燃え尽きる（あるいは朽ち果てる）ものです。自然の摂理からいえば、朽ちないプラスチックなどは異常なものというべきで、その意味で環境にやさしい作品ということができます。

この本で取り上げた作例は、あくまでヒントです。この本を手に取られた方にとっていささかでも参考になれば、これにまさる喜びはありません。

20世紀は科学技術の普及の時代でした。21世紀は人と自然の共生の時代でなければと思います。この時期に出版の機会を与えていただいた農文協の書籍編集部の皆さまに厚くお礼申し上げるとともに、構想の段階からお手伝いいただいた編集コーディネーターの佐藤榮氏、イラストから装丁までお骨折りいただいた富永三紗子氏、撮影場所の手配までいただいたカメラマンの増田智氏に心からお礼申し上げます。

著者略歴

岩澤亮（いわさわ　りょう）
『伝心舎』主宰、『Wild Craft Club』代表。

昭和16年、東京生まれ。少年時代を北上川河口の大川村（現・河北町）で育つ。雑誌・書籍編集、フリーランスライターを経て、現在、現代人の心を後世に伝える編集プロダクション『伝心舎』主宰。本業のかたわら、30年来アウトドアライフに親しむ。
「必要なものは自分でつくる」をモットーに20数年前から革の衣服、モカシン、バッグなどを製作、10年ほど前からは草木を使用したワイルドクラフトに熱中している。
1996年自然愛好グループ『珍情報探検倶楽部』（現『Wild Craft Club』）を結成し情報交換を行っている。
著書は『北米インディアンに学ぶアウトドア術』（三一書房）、『お父さんのためのアウトドア入門』（かんき出版）ほか。

●『Wild Craft Club』連絡先
〒154-0016　東京都世田谷区弦巻2-9-5-405　伝心舎内
電話 03-3425-5058　FAX 03-3425-9789　E-mail iwasawa@wild-craft.com
『Wild Craft Club』ホームページ　http://www.wild-craft.com

Natures Craft
ネイチャーズクラフト

自然を楽しむワイルドクラフト

2001年3月31日　第1刷発行

著　者　岩澤　亮

発行所　社団法人　農山漁村文化協会
〒107-8668　東京都港区赤坂7-6-1　電話　編集＝03（3585）1145　普及（営業）03（3585）1141
FAX03（3589）1387　振替00120-3-144478
印刷・製本　株式会社東京印書館

 ISBN 4-540-00220-1
定価は、カバーに表示してあります。

郵便はがき

1078668

おそれいりますが切手をはってお出し下さい

東京都港区赤坂七丁目六の一

社団法人
農文協編集部　行

この本を何によって知りましたか（○印をつけて下さい）

1 広告を見て（新聞・雑誌名　　　　　　　　　　）

2 書評，新刊紹介（掲載紙誌名　　　　　　　　　　）

3 書店の店頭で　4 先生や知人のすすめ　5 図書目録

6 出版ダイジェストを見て　7 その他（　　　　　　　　　　）

お買い求めの書店

所在地　　　　　　　　　　書店名

このカードは読者と編集部を結ぶ資料として，今後の企画の参考にさせていただきます。

ネイチャーズ クラフト

自然を楽しむワイルドクラフト

No.

農文協図書　読者カード

（フリガナ）氏名

男　女

年令　　才

住所　〒

（電話）

職業

農文協の図書についての御希望

この本についての御感想

今後の発行書についての御希望

（今後読みたいと思われる問題〈テーマ〉や著者など）

54000220